AF391696

CINQ ANS
POUR L'EMPLOI

Alain Juppé

CINQ ANS
POUR L'EMPLOI

JC Lattès

Maquette de couverture : Atelier Didier Thimonier.

ISBN : 978-2-7096-5692-4

Sommaire

Introduction

Je voudrais dédier ce livre aux jeunes de France. À tous nos jeunes.

Aux jeunes qui étudient encore et à ceux qui travaillent déjà. Aux jeunes qui réussissent et à ceux qui décrochent. Aux jeunes qui galèrent à la recherche d'un premier emploi qu'on leur refuse au motif qu'ils n'ont pas d'expérience… et pour cause.

Aux jeunes qui sont bien dans leur peau, à l'aise dans le village global de la mondialisation. Aux jeunes qui se sentent paumés, laissés sur le bord de la route, sans repères et dont quelques-uns deviennent la proie facile de toutes les propagandes et de toutes les radicalisations.

C'est en pensant à vous, c'est pour vous que j'ai écrit ce livre, comme j'avais écrit mes deux précédents ouvrages : *Mes chemins pour l'école* et *Pour un État fort*.

Mon ambition en effet, le sens de ma démarche, c'est de dessiner pour vous et avec vous le visage de la France de 2030, la France dont vous assumerez pleinement la responsabilité.

Je voudrais que ce visage soit pour vous souriant, qu'il vous renvoie le sourire de la confiance.

Tel est bien l'enjeu : prendre confiance.

Je mesure ce qu'il y a de provocateur à tenir aujourd'hui ce langage. Car notre pays s'enfonce chaque jour davantage dans la défiance. Défiance des citoyens envers les gouvernants, des communautés et des groupes sociaux les uns à l'égard des autres, des salariés contre les chefs d'entreprise, de ceux qui travaillent à l'égard des chômeurs, de ceux qui souffrent de la mondialisation à l'égard de ceux qui en profitent, des jeunes générations à l'égard de celles qui les précèdent. L'espoir d'un progrès économique et social continue à céder la place à l'anxiété.

Il y a bien des raisons à ce pessimisme ambiant. Je ne veux pas m'y attarder ici. Ce que je veux vous dire, c'est qu'il faut casser cette spirale de la défiance qui nourrit un déclinisme délétère. Rien de solide ne se construit sans confiance. Je veux qu'ensemble nous trouvions le chemin de la confiance.

Je suis convaincu que nous avons, que vous avez pour cela les ressorts nécessaires. Je voudrais en évoquer trois.

*

D'abord, l'esprit d'entreprise.

L'objectif de la politique économique et sociale que je propose dans ce livre est précis et audacieux : débloquer le marché du travail, retrouver le plein emploi, ce qui vous concerne en priorité.

Le grand mal de la France, c'est le chômage qui touche, d'une manière ou d'une autre, plus de dix millions de Français, et vos générations plus gravement que les autres.

Depuis quarante ans, il produit ses ravages. Nos concitoyens qui sont au chômage s'y débattent, et pour un nombre croissant, sur une longue durée. Ceux qui n'y sont pas craignent d'y tomber. Il dresse les Français les uns contre les autres : les patrons qui licencient deviennent des « voyous », les chômeurs des « assistés » et les salariés en CDI des « privilégiés ». Il brouille les repères des enfants qui laissent leurs parents à la maison en partant à l'école. Il fragilise toute notre société, empêche l'ascenseur social de fonctionner et freine l'intégration.

Parmi les moments les plus intenses que je vis lors de mes déplacements, il y a les rencontres avec les jeunes de quartiers dits sensibles. Ils sont trop souvent désœuvrés. Ils me demandent ce que je vais faire pour les aider à trouver du travail. L'un d'entre eux m'a dit un jour : « Je sais que je n'aurai jamais de boulot ». Terrible constat.

Il faut en sortir.

Je ne parle pas « d'inverser la courbe » ou de réduire le chômage, mais d'en sortir pour de bon. Si les bonnes décisions sont prises, et sont prises sans trembler, je suis convaincu qu'il est possible de ramener la France sur la voie du plein emploi, c'est-à-dire de proposer du travail à ceux qui en cherchent.

Il y a plus de vingt ans, en 1993, François Mitterrand a prononcé cette phrase pleine de résignation : « Dans la lutte contre le chômage, on a tout essayé ». Il avait tort. On a tout essayé, sauf ce qui marche ailleurs ! L'Allemagne, le Royaume-Uni, l'Autriche ou les Pays-Bas sont parvenus à des taux de chômage de 5 à 6 %, proches du plein emploi.

C'est donc possible !

À condition de changer résolument de logiciel.

Depuis des années, nos politiques de lutte contre le chômage reposent sur deux postulats erronés : il faut partager le travail ; l'État doit subventionner toujours plus d'emplois aidés.

Ça ne marche pas ! Le travail n'est pas un gâteau qu'on pourrait partager en parts plus petites (les 35 heures !) pour en donner à un plus grand nombre de personnes. Pour réduire le chômage, il faut augmenter la taille du gâteau, c'est-à-dire créer du travail. Et c'est ici qu'intervient le changement de logiciel : la création de travail, d'emplois durables et productifs, ne peut venir que d'entreprises en bonne santé, compétitives, capables de conquérir des marchés chez nous mais aussi en Europe et dans le monde. De toutes nos entreprises : artisans, commerçants, agriculteurs, start-up, TPE, PME, entreprises de taille intermédiaire (ETI), et aussi de nos grands groupes qui sont des moteurs de croissance.

Or nos entreprises sont aujourd'hui contraintes par un carcan de normes, de charges, de contrôles qui brident leurs initiatives et les dissuadent d'embaucher.

Il est urgent de libérer nos forces vives. C'est le but des propositions que je fais dans ce livre. Je voudrais vous appeler, vous les jeunes, à en débattre sereinement.

Je dis bien : sereinement. Pas dans le tumulte de la rue.

Ne vous laissez pas manipuler par les tenants des vieilles idéologies du XIXe siècle qui vous abreuvent de slogans périmés : lutte des classes, oppression du salariat par le patronat, appropriation collective des moyens de production, sus au capitalisme, etc.

On sait ce que ces belles thèses ont produit : échec économique et social ; et souvent privation des libertés individuelles.

Essayons de regarder ce que peut apporter l'entreprise moderne dans ce qu'elle a de meilleur. Certes, une entreprise, quelle qu'elle soit, ne peut survivre que si elle dégage un profit. La question est de savoir ce qu'elle en fait. Un nombre croissant d'entreprises ont compris qu'elles doivent pleinement assumer leur responsabilité sociétale (RSE). Beaucoup savent organiser en leur sein un vrai dialogue social ; c'est pourquoi je propose qu'elles deviennent de plus en plus le lieu privilégié de ce dialogue, par exemple pour discuter de la durée du travail. De grands progrès restent à faire pour améliorer le bien-être au travail et le mettre réellement au cœur du débat. Le développement de l'actionnariat est, par exemple, un facteur de changement puissant au sein de l'entreprise. Je veux l'encourager.

Comme il faut encourager l'économie sociale et solidaire qui pèse déjà lourd dans la création de richesses en France. Allez rencontrer les promoteurs de l'entreprenariat social, tel Nicolas Hazard qui, à 34 ans, a voulu entrer dans l'écosystème de la finance pour mieux le changer.

Je ne suis pas naïf. Toutes nos entreprises n'évoluent pas à la même vitesse. Les conservatismes perdurent aussi dans une partie du patronat. Mais les choses bougent. Faites-les bouger dans un bon sens plutôt que d'écouter ceux qui se crispent sur les vieux schémas de confrontation.

En tout cas, j'ai une conviction que j'aimerais tant vous faire partager : ce n'est pas en durcissant encore davantage les conditions dans lesquelles une entreprise peut adapter ses effectifs quand elle rencontre des difficultés qu'on débloquera le marché du travail. Au contraire. Si un employeur n'a pas une vision claire de ce qui se passera s'il est obligé de licencier – et aucun d'entre eux ne le fait de gaieté de cœur – alors il n'embauchera pas. Vous êtes les premières victimes de ces freins à l'embauche.

Ce qui me donne aussi confiance, c'est que vous êtes de plus en plus nombreux à vouloir créer votre propre entreprise. Oui, l'esprit d'entreprise est vivace en France. C'est dans notre pays que se créent le plus de jeunes entreprises, plus qu'en Allemagne ou en Grande-Bretagne. Toutes ne survivent pas. Mais c'est le propre de la prise de risque. Nous devons apprendre à respecter le droit à l'échec.

Alors, allons-y ! Les facilités existent : auto-entreprenariat, incubateurs, pépinières, accélérateurs, start-up… L'amorçage fonctionne bien. La suite est parfois plus compliquée, notamment pour trouver le financement de la croissance de l'entreprise. Je fais des propositions, notamment fiscales, pour mieux orienter notre épargne en direction des entreprises.

Il faut enfin que vous intégriez une donnée nouvelle dans votre vision de l'avenir : le salariat classique ne sera plus le modèle largement pré-pondérant d'accès au travail qu'il est aujourd'hui – un métier unique, dans un lieu unique, selon des horaires bien cadrés. Le travail indépendant, la pluri-activité, le télé-travail prendront une place grandissante et vous offriront des opportunités d'emploi.

Ici encore, il ne faut pas voir une menace, mais une chance de libertés nouvelles à condition de fixer des règles pour éviter la foire d'empoigne.

*

Deuxième ressort de confiance : l'esprit de res-ponsabilité.

C'est l'esprit de responsabilité qui me conduit à prendre un engagement envers vous : je ne veux pas vous léguer une dette publique écrasante qui plomberait toutes vos marges de manœuvre.

Or, nous en prenons, hélas, le chemin. Faute de réduire nos déficits publics, nous laissons aujourd'hui dériver notre endettement jusqu'à approcher 100 % de notre produit intérieur brut, 100 % de tout ce que nous produisons en un an. Il suffirait que les taux d'intérêt, aujourd'hui historiquement faibles, remontent pour que le remboursement de cette dette devienne insoutenable.

Il faut donc arrêter la dérive et inverser la tendance. Il n'y a pas 36 solutions. Comme nous ne pouvons plus augmenter les impôts – nous battons aujourd'hui tous les records de prélèvements obligatoires après le matraquage fiscal des dernières années – il nous faut impérativement baisser nos dépenses publiques.

C'est pourquoi j'en appelle maintenant à votre esprit de responsabilité : tout ne sera pas possible, méfiez-vous des promesses électorales, toujours généreuses mais souvent irréalistes. Pour ma part, je vous dirai la vérité.

La vérité, c'est que l'État doit dépenser moins. Il doit avoir les moyens d'exercer pleinement ses fonctions régaliennes. J'en ai parlé dans *Pour un État fort*. La Justice, notamment, doit être mieux dotée. Mais je ne veux pas d'un État interventionniste qui se mêle de tout. L'État doit garder sa juste place et seulement sa juste place. Il faut être girondin.

Je voudrais insister sur deux points.

D'abord l'amplification de la modernisation numérique de nos administrations : il y a beaucoup à faire. Ensuite l'impératif de simplification qui devient urgent. Les exemples ubuesques de complexité des normes et des procédures abondent. La solution ne viendra pas des administrations centrales, mais du terrain. Je voudrais m'inspirer de l'initiative du Président Obama qui implante dans les ministères américains des « task forces » digitales, plateformes citoyennes qui font remonter les propositions de ceux qui vivent la complexité au quotidien.

Nos collectivités locales doivent également participer à l'effort général de réduction des dépenses publiques. Elles ont déjà été lourdement taxées à ce titre. Je leur proposerai la stabilité en contrepartie de nécessaires efforts de mutualisation et d'économies d'échelle. Et je leur reconnaîtrai un véritable droit à l'expérimentation.

Il nous faudra aussi équilibrer le développement de nos territoires : nos grandes métropoles sont pour la plupart en expansion, mais notre ruralité a le sentiment d'être abandonnée. Je ferai des propositions pour répondre à ses attentes.

Prenez conscience de l'importance de la vie locale. Je dis souvent que nos élus locaux sont la colonne vertébrale de la République. C'est grâce à eux que le corps social tient. Ils sont d'ailleurs les seuls politiques à conserver l'estime de leurs concitoyens. Parce qu'ils sont proches d'eux, qu'ils les écoutent et qu'ils réalisent. Ce sont des « faiseux » et non des « diseux ».

Engagez-vous donc dans la démocratie locale. Elle vous apportera une grande satisfaction.

Restent les dépenses sociales qui représentent la moitié de la dépense publique totale.

Pour moi, la protection sociale, mise en place pour l'essentiel à l'initiative du Conseil national de la Résistance après la guerre, est un acquis fondamental et un marqueur du modèle français. Nous avons la responsabilité de la sauvegarder et de la consolider.

Pour y parvenir, il nous faudra concilier le principe de solidarité qui en est l'âme et le principe de responsabilité sans laquelle les meilleures interventions pavent les pires dérives.

Vous lirez dans ce livre les mesures que je préconise pour réussir cette réconciliation. Je n'évoquerai ici qu'une seule réforme : celle de nos régimes de retraite. C'est au nom du principe de responsabilité que je veux mener à bien cette réforme, parce qu'une fois encore je ne veux pas laisser peser sur vos épaules le fardeau d'une faillite financière annoncée. Sans doute la retraite vous paraît-elle un horizon lointain. Heureusement. Mais notre avenir se prépare aujourd'hui. Et, de grâce, ne prêtez pas crédit aux affirmations selon lesquelles reculer l'âge légal de départ à la retraite pénaliserait l'emploi des jeunes. Dans les pays qui ont réalisé la réforme, les résultats chiffrés prouvent le contraire.

Dans ce contexte de responsabilité, il faudra choisir les améliorations prioritaires pour faire reculer la pauvreté et la précarité qui touchent, je le sais, bon nombre d'entre vous. L'accès au logement ou à la santé, par exemple, reste difficile. Je ne m'y résigne pas. C'est pourquoi je veux mettre en œuvre un plan contre la pauvreté.

*

Troisième ressort de confiance : l'esprit d'innovation.

Vous le savez mieux que quiconque : nous sommes entrés dans un monde nouveau.

J'ajoute que notre monde, votre monde, ne va pas cesser de devenir nouveau…

De grandes mutations sont en cours. Nous n'en voyons que les prémices. Elles vont se poursuivre, à un rythme et selon des formes largement imprévisibles. Les défis qu'elles nous lancent sont complexes mais excitants et prometteurs.

Pour les relever, nous devons inventer ensemble un nouveau modèle de développement.

Vous ne connaîtrez pas la croissance des Trente Glorieuses qui a changé les conditions d'existence de ma génération.

Nous devons, ensemble, en inspirer une nouvelle.

Je veux vous parler d'un nouveau modèle de développement. Il aura au moins deux caractéristiques : sobriété et circularité.

Si nous ne sommes pas capables de tenir les engagements pris lors de la COP 21 à Paris en décembre 2015 pour contenir le réchauffement climatique à 1,5 ° d'ici la fin du siècle, nous épuiserons la Terre qui est en grande souffrance.

Il n'est pas sûr alors que vos enfants puissent continuer à y vivre dans de bonnes conditions. C'est une immense responsabilité qui pèse sur nous.

Nous devons donc accélérer la transition énergétique vers une économie « décarbonée ». Nous devons apprendre la sobriété dans nos consommations de ressources rares (l'eau, la terre arable, les espaces naturels…) et le respect de la biodiversité. Nous devons rompre avec les pratiques de gaspillage qui ont caractérisé nos comportements passés pour généraliser le ré-emploi et le recyclage.

Les technologies numériques qui irriguent tous les secteurs de l'activité humaine, santé, éducation, commerce, industrie, culture…, ainsi que la domotique ou la robotique, la généralisation des objets connectés vont nous y aider. Les compteurs intelligents qui se déploient dans nos maisons nous permettront de diminuer notre consommation d'eau et d'énergie.

Les villes intelligentes pourront fluidifier leur trafic et mieux organiser leur stationnement. Les applications numériques font d'ores et déjà exploser l'économie du partage qui transforme nos modes de vie. La production d'énergie se décentralise dans les BEPO (bâtiments à énergie positive) ; celle des biens de consommation, ou même de l'habitat, grâce aux imprimantes 3D, dont les performances me fascinent.

Bref, nous vivons une « transition fulgurante » et nous allons peut-être « vers un bouleversement systémique du monde » (Pierre Giorgini[1]).

Il serait absurde – et inopérant – d'en avoir peur. Je choisis résolument le parti de la confiance, sans ignorer les risques inhérents à toute révolution.

Quel en sera le bilan en termes d'emplois ? Difficile à dire aujourd'hui. La seule attitude positive est de mieux nous préparer au changement en misant sur l'éducation au monde digital de vos générations et des suivantes, sur l'identification des nouveaux gisements d'emploi et sur la formation à ces nouvelles filières de travail.

De même, quel sera l'impact sur nos libertés individuelles ? Le risque existe. La vigilance s'impose pour protéger nos données personnelles et nos vies privées. Sans parler des perspectives vertigineuses qu'ouvre l'intelligence artificielle ou d'un saut anthropologique vers le transhumanisme…

Comme toujours, la technologie est innocente. Seule l'utilisation qu'en fait l'homme peut être perverse. À vous de la mettre au service de la personne humaine, et pas l'inverse.

*

---

1. *La transition fulgurante*, Bayard, 2014.

Vous le voyez, la France de 2030 vers laquelle je veux aller avec vous ne sera pas une France tranquille, mais une France en mouvement, c'est-à-dire une France pleine de vie.

Cette vision que je vous propose de partager doit vous donner confiance.

Prenez confiance en vous-même.

Prenez confiance dans les autres.

Prenez confiance dans la France, acteur de l'Europe et du monde.

Prenez confiance dans l'avenir.

Et pour préparer cet avenir, la France de 2030, faisons-nous maintenant confiance, vous et moi.

Paroles de Français

« Nous sommes en retard. Nous nous endettons pour financer des dépenses de fonctionnement. Nous n'investissons plus. Le défi de la prochaine présidence sera non seulement de rattraper les retards que nous avons accumulés mais aussi de préparer la France à s'adapter à des tendances de fond qui vont modifier nos économies » m'écrivait une enseignante en région parisienne. Elle résume très bien la tâche qui nous attend.

Je vais à la rencontre des Français depuis de nombreuses années. J'ai reçu près de 3 000 contributions de la part de citoyens de tous âges et de tous horizons : salariés, chefs d'entreprise, demandeurs d'emploi, fonctionnaires, étudiants, expatriés, retraités. Les questions économiques sont en tête de leurs préoccupations. La plupart expriment les mêmes craintes, les mêmes colères, les mêmes ras-le-bol. Ils dénoncent les mêmes injustices, mais sont aussi habités des mêmes espoirs et de beaucoup d'enthousiasme.

La France vit depuis longtemps dans une situation de chômage de masse à laquelle s'est ajoutée la succession des crises. Beaucoup de Français ont peur du lendemain : peur d'embaucher, de perdre leur emploi, de changer de métier, d'investir, de dépasser les seuils sociaux, etc. Notre économie est profondément marquée par près de 30 ans de difficultés économiques, où les mauvaises périodes sont devenues la norme et les bonnes années l'exception. Au-delà de ces crises, notre pays n'a pas su profiter des redémarrages de l'économie mondiale. Notre économie robuste, dynamique, était notre force. Elle doit le redevenir demain.

Aucun des Français que je rencontre et qui ont contribué à ce livre ne se résout à ce que notre pays soit le grand oublié des transformations du XXIe siècle. Si certains peuvent être tentés par les solutions radicalement simplistes, la majorité attend surtout des actions concrètes et pragmatiques. Ce sont leurs voix que j'ai voulu restituer dans ce chapitre parce qu'elles m'ont profondément marqué et qu'elles inspirent mon projet.

1. « L'économie française est asphyxiée depuis de nombreuses années »

Comment ne pas entendre cet appel des Français à libérer les énergies de notre pays ? Les mots des contributions que j'ai reçues sont sans appel : « carcan », « confiscation », « asphyxie », « contrainte », « étouffement », « plombé »… Les milliers de Français qui se sont exprimés dressent un constat sévère : l'économie française est asphyxiée par la fiscalité et les charges, souffre d'une complexité des règles et des modes de fonctionnement, doublée d'une instabilité qui brouille tous les repères. La situation de l'emploi en est le résultat accablant.

Le poids de la fiscalité et des charges

Les nombreuses contributions que j'ai reçues m'ont permis de confirmer le constat sur la cause de nos maux. La fiscalité et les charges tout d'abord. Un témoignage fait écho aux autres contributions en parlant du « poids des charges […] qui paralyse l'ensemble du système… ». Ces prélèvements sont trop lourds, aussi bien pour les ménages que pour les entreprises. Illisibles, parfois illogiques, ils découragent la prise de risque, pénalisent la réussite, freinent l'embauche. Un entrepreneur en région parisienne pointe « le poids aberrant de la fiscalité qui freine (un euphémisme) le développement de tout projet entrepreneurial ». De la même façon, un jeune diplômé et demandeur d'emploi m'a interpellé :

« On constate que de plus en plus de jeunes souhaitent travailler à l'étranger en raison de la fiscalité moindre ou de procédures facilitées. »

Là où l'impôt unifiait jadis notre nation, en offrant le sentiment de participer à une œuvre commune, il est devenu « abusif et confiscatoire », nous dit une salariée de 42 ans résidant à Paris.

Il faut nous rendre à l'évidence : à une époque où l'économie est marquée par la mondialisation, les charges qui pèsent sur le travail sont contre-productives. Une autre contribution dénonce cette « absence de compétitivité liée à une législation sociale et à des charges trop lourdes ». De la même façon, un retraité de l'aéronautique m'a écrit :

« L'entreprise dans laquelle je travaillais a délocalisé la production de série dans des pays en zone dollar pour maintenir sa compétitivité, donc ses marges, donc sa survie. L'économie est mondialisée et n'a plus de frontière. » Un salarié de Bagneux dénonce de la même manière : « des charges trop lourdes pour les entreprises, qui investissent moins ».

J'ai bien conscience que ce « ras-le-bol fiscal » qui s'est aggravé au cours de l'actuel quinquennat.

Je veux diminuer le poids de la fiscalité et des charges, en priorité celles qui pèsent sur le travail, la production et l'investissement, car ce sont les plus nocives. Le rééquilibrage que je prône sera de l'ordre de 30 milliards d'euros sur cinq ans. Je l'inclus dans l'équation financière et budgétaire de mon programme, ce qui signifie que l'effort de retour à l'équilibre sur les dépenses publiques devra être d'autant plus important. Ce rééquilibrage conduira nécessairement à ce que le financement de notre protection sociale, à commencer par notre politique familiale, évolue d'un système fondé sur la taxation du travail vers un système mettant davantage à contribution d'autres assiettes, notamment la consommation.

Il me paraît nécessaire de supprimer l'ISF : c'est un impôt que beaucoup estiment équitable, mais qui en réalité a pour seul effet d'alimenter la fuite des créateurs de richesse en dehors de notre pays, alors que nous en avons tant besoin pour investir. Résultat, « on n'investit plus en France », ou pas suffisamment, comme l'exprime un expatrié, installé en Asie pour son travail. La suppression de l'ISF n'est pas populaire mais c'est une mesure essentielle en faveur de l'investissement. Dans le même esprit, je souhaite revenir à un système de taxation forfaitaire sur les dividendes, les intérêts et les plus-values, car la formule qui veut que les revenus du capital et du travail soient taxés au même taux nous a conduits à une aberration éco-nomique. En France, le capital est lourdement taxé, beaucoup plus que chez nos voisins et concurrents économiques.

Un droit du travail qui pénalise l'embauche

« Nous ne cessons d'embaucher, parfois la boule au ventre », m'a-t-on écrit. Nombre de nos entre-prises préfèrent cependant ne pas prendre « le risque de l'embauche ». Cette formule m'a frappé. Elle dit bien le cruel dilemme dans lequel se trouvent nos entreprises, qui voudraient recruter mais en sont dissuadées de peur de ne pouvoir revenir sur cette décision en cas de dégradation de leur situation économique.

Un salarié m'a parlé du « peu d'embauches » dans son entreprise :

« Sauf sur les sites situés à l'étranger en raison de la lourdeur du code ne permettant pas d'adapter les effectifs à l'activité ». Un autre évoque « le code du travail et le recours prud'homal, synonymes de "peur de l'embauche" », « la rigidité du marché du travail [qui] empêche les embauches en cas de reprise ».

Je ne compte plus les contributions qui m'ont exprimé à quel point notre droit du travail est pénalisant. Les Français ont fait le diagnostic, ils sont lucides sur la principale cause du chômage dans notre pays.

Et pourtant, si peu a été fait jusqu'à maintenant pour répondre au besoin de souplesse qui est ici exprimé, et qui est tout simplement guidé par la réalité de la vie économique. Si les Français m'accordent leur confiance, la réforme du contrat de travail sera l'une de mes premières mesures, ce que j'appelle un déclic de confiance, afin que les chefs d'entreprise puissent se remettre à embaucher sans peur. Il n'y a pas d'autre issue pour créer de l'emploi.

L'instabilité des règles du jeu

Si, comme le veut l'adage, « nul n'est censé ignorer la loi », il finit par se heurter à une autre maxime : « à l'impossible, nul n'est tenu ». Lorsqu'on lui demande quels sont les principaux handicaps économiques de la France, un salarié répond sans hésitation :

« L'inflation des normes (souvent plus contraignantes que les directives européennes) et l'insécurité juridique et fiscale : les changements sont permanents ! » Un autre insiste sur ce point : « Le droit du travail, le poids de la réglementation et des normes sont un handicap très lourd, notamment pour les TPE et PME. Il faut simplifier, rationaliser ce monde parfois *kafkaïen*. »

Nos entrepreneurs, nos artisans, les forces vives de notre pays ont besoin de visibilité. Comment développer son entreprise quand on ne sait pas de quoi demain sera fait ? Cette instabilité décourage autant l'esprit d'initiative qu'elle empêche les entreprises déjà existantes de croître et d'embaucher. Un témoignage dénonce ainsi :

« la lourdeur et la complexité des lois, des décrets, qui plus est abrogés ou modifiés peu après leur ratification. Comment s'y retrouver quand on veut entreprendre ? C'est le chemin de croix ».

Pour recruter un salarié, pour investir, il faut faire un pari sur l'avenir : parier sur le fait que demain sera meilleur qu'aujourd'hui, et que les règles n'auront pas changé !

Il ne s'agit pas de s'interdire de légiférer lorsque c'est nécessaire, mais seulement de réfléchir avant d'agir et de faire preuve de constance dans l'action une fois la décision prise :

« Les changements permanents de règles empêchent les entreprises de se projeter ; les entreprises peuvent s'adapter à tout à condition qu'elles aient de la visibilité sur les règles du jeu pour plusieurs années », rappelle un habitant du Var. Plus largement, l'illisibilité des règles du jeu nuit à l'attractivité de notre territoire puisque « l'instabilité permanente, tant nationale que locale, décourage les investissements étrangers ».

La relance de notre économie passera par une simplification et une stabilisation des normes en tous genres, j'en suis convaincu.

« Nous ne sommes pas en panne d'idées ou d'innovations, mais nous n'arrivons pas à les concrétiser sur le territoire (excès de réglementation, excès de prudence de nombreux acteurs économiques, etc.). » Un retraité, après une carrière dans l'énergie, voit juste : « La France est un pays où les idées foisonnent, mais elles ont plus de mal à déboucher qu'ailleurs car les pouvoirs publics s'évertuent à les brider. »

Il faudra fixer un cap clair en début de mandat, et le tenir dans la durée : supprimer les règles, formalités ou procédures inutiles, et non se contenter de quelques ajustements concédés par les administrations, lever les entraves juridiques aux activités nouvelles, car ce sont elles qui porteront la croissance et les investissements de notre pays, s'en tenir à la transposition *a minima* des directives européennes plutôt que d'aller toujours plus loin dans la sur-transposition, y réfléchir à deux fois avant d'édicter des règles nouvelles, en étudiant systématiquement leur impact économique auprès de ceux qui font l'économie au quotidien, mobiliser le Parlement sur l'évaluation de l'existant plutôt que sur l'alourdissement de l'édifice normatif, maintenir une véritable discipline gouvernementale pour empêcher l'inflation des nouveaux textes.

Il faut aussi donner de la visibilité en matière fiscale. Les orientations du prochain mandat en la matière devront être fixées dès les premiers mois, dans une loi de programmation valable pour 5 ans. Seules les lois de finances seront habilitées à modifier la fiscalité. Il n'y aura ainsi ni modifications continues ni changements incessants, consistant à défaire dans la seconde moitié d'un mandat ce que l'on a fait pendant la première.

L'érosion du pouvoir d'achat

Nombreux sont les Français qui observent avec désarroi la baisse de leur pouvoir d'achat. Un salarié dans les Alpes-Maritimes m'écrit ainsi :

« La France et les Français subissent une perte du pouvoir d'achat de plus en plus importante. »

J'ai notamment reçu de nombreux témoignages de retraités, inquiets de voir leur situation se précariser, et l'avenir de notre modèle de solidarité entre les générations compromis par l'immobilisme de l'actuelle majorité.

« Je suis retraité depuis peu et je suis très préoccupé par le nombre de bénéficiaires de la retraite par rapport au nombre de cotisants. Le système français est le meilleur au monde mais il ne peut perdurer avec une telle charge sur ceux qui travaillent et surtout produisent de la richesse. »

Le pouvoir d'achat, c'est l'un des moteurs de notre économie. Or, le revenu des Français stagne depuis des années. L'explication est simple : notre économie ne crée pas assez de richesse et pas assez d'emplois. Mon objectif est que les Français voient à nouveau leur niveau de vie augmenter dans les cinq prochaines années. La clé du retour de la prospérité dans notre pays, c'est d'abord de faire reculer massivement le chômage. Tout mon programme économique est tourné vers ce but. La suppression totale des charges au niveau du SMIC permettra de redonner du travail aux salariés peu qualifiés, sans remettre en cause le salaire minimum, car il est essentiel que le travail paye. Il nous faudra également agir sur les principaux postes de coût dans le budget des Français, notamment le logement qui occupe en moyenne un quart de leur revenu, et souvent beaucoup plus. L'actuelle majorité a considérablement détérioré la situation de ce marché, qu'il faudra réparer par l'allégement des règles qu'on y empile depuis trop d'années.

Le système de formation répond insuffisamment aux besoins de l'économie

Il n'y aura pas de relance de l'économie ni de recul fort du chômage sans une politique vigoureuse en faveur de la formation.

« Le monde dans lequel nous vivons est fait de mutation [...] Il faudrait former les esprits à apprendre à apprendre. »

C'est une conviction que je porte depuis toujours, et qui s'est renforcée lors de mes années canadiennes : l'éducation est la mère de toutes nos réformes. C'est pourquoi j'ai souhaité lui consacrer mon premier livre, *Mes chemins pour l'école*.

Comme l'écrit un salarié, « il faut impérativement créer des vrais liens entre le monde de l'entreprise et l'école ». C'est aussi ce qu'un autre appelle de ses vœux : « Il faut davantage de passerelles entre l'école et l'entreprise, une meilleure synergie entre le monde de l'éducation et celui du travail. Par exemple, il serait intéressant d'installer de façon formelle dans le cadre scolaire de vraies rencontres entre les jeunes étudiants et les professionnels. »

Les Français qui ont souhaité contribuer à ce livre ont été très nombreux à exprimer cette opinion, que je partage. Si ces passerelles ont commencé à se développer ces dernières années, il faut aller beaucoup plus loin, et beaucoup plus vite. Les chefs d'entreprise doivent intervenir plus fréquemment dans les écoles, les expériences de stage doivent être plus nombreuses au cours de la scolarité, les élèves doivent avoir la possibilité de découvrir jeunes les rudiments de la création d'entreprise, et leur orientation vers les études supérieures doit être assurée par de véritables conseillers au fait des besoins du monde du travail.

Un autre point fait l'unanimité : notre système de formation doit davantage répondre aux besoins du marché du travail. Ceci exige d'abord de s'adapter à des exigences simples, mais essentielles : la prééminence du numérique, la maîtrise des langues étrangères.

C'est ce qu'exprime ce témoignage : « Le problème est l'adaptation de l'offre de formation aux réalités de l'économie. Il faut former aux nouvelles technologies, au numérique, il faut arrêter de former des gens dans des filières sans débouchés. »

Ceci exige aussi, et les contributions ont été innombrables sur ce point, de revaloriser l'apprentissage, les formations pratiques, les métiers manuels, qui ont toute leur noblesse et n'ont rien à envier aux formations généralistes en termes de débouché !

« Les métiers manuels sont nécessaires et utiles, il vaut mieux les valoriser. [...] Charpentiers, artisans, plombiers, etc., sont des métiers trop souvent rabaissés durant notre scolarité ». « Notre système est inefficace car il dévalue les filières professionnelles pourtant génératrices d'emplois (demande croissante du marché. Ex : bâtiment, restauration) ! »

Pour cela, il faut évidemment lutter contre des blocages culturels, dans les familles et pas seulement chez les enseignants, mais aussi « en faisant tomber toutes les contraintes anti-productives qui ont été imaginées », comme l'écrit très bien un salarié dans le Périgord. Les exemples qu'il cite sont parlants : « Un apprenti boulanger ne doit pas commencer avant 6 heures du matin !, un apprenti boucher ne doit pas utiliser de couteau avant un certain âge !... » Avec lui je partage l'idée qu'« il faut savoir ce que l'on veut : faire confiance aux maîtres d'apprentissage (en les surveillant si besoin) et aux apprentis, et responsabiliser les personnes concernées ».

Il y a la formation initiale, mais il y a également la formation tout au long de la vie. Comme l'indique ce témoignage :

« Aujourd'hui tout se joue trop tôt sans rappel possible. Il est quasi impossible de se reformer après 30 ou 40 ans quand un accident de la vie oblige ou pousse à reprendre un cursus. Impossible de travailler et de suivre des études en parallèle. Le coût de ces études n'est plus pris en charge et pour de petits salaires, impossible de régler les cours. » L'enjeu est bien de former aussi « quand les choses vont bien, pas seulement quand on est au chômage ». C'est aussi ce qu'exprime un autre contributeur, au sujet de la formation continue qu'il juge mal adaptée : « Elle devrait s'appuyer sur une gestion prévisionnelle des carrières et anticiper l'évolution des métiers dans les secteurs d'activité ; elle devrait être systématique et régulière pour actualiser les connaissances ou faire évoluer les salariés. »

Sur ce point, le constat est très largement partagé : la formation professionnelle est trop inégale, trop peu adaptée aux besoins réels des salariés et des entreprises. C'est pourquoi je prévois d'imposer la transparence sur les résultats de chaque formation en termes d'insertion professionnelle, et de réserver les financements publics à celles qui ont fait leur preuve.

Retrouver la confiance

« La confiance n'est plus là, l'inconstance gouvernementale et la perte de visibilité qui en découlent ont découragé bien des ardeurs. J'attends des jours meilleurs », m'écrit-on. Le mal est ancien et la droite comme la gauche ont leur part de responsabilité. Mais la méthode de gouvernement de l'équipe actuelle a considérablement aggravé les choses. Cette dernière a créé beaucoup de confusion en reprenant d'une main ce qu'elle donnait de l'autre, en annulant certaines réformes du mandat précédent pour y revenir de façon détournée, en faisant miroiter de vraies réformes pour finalement reculer sous la pression de sa propre majorité.

Pour relancer l'investissement, il faut inspirer la confiance. La confiance ne se décrète pas, elle se mérite. L'action publique doit avoir la modestie de reconnaître que « c'est l'entreprise qui crée la richesse d'un pays et qui crée de l'emploi, pas le politique ». Que la sphère publique sache garder sa place, qu'elle s'en tienne à un rôle d'accompagnement, c'est ce que réclament nombre des contributions que j'ai reçues. Un entrepreneur l'exprime avec vigueur :

> « L'administration française est trop lourde, trop grasse, trop rigide. L'économie française est engluée dans son système administratif et le coût de son système de fonctionnement. Il faut raccourcir les niveaux de prise de décisions. Ouvrir le champ des possibles aux entreprises. L'État est au service de tous, y compris au service des entreprises qui sont le vivier de la création d'emploi. »

Il me paraît essentiel d'améliorer les relations des administrations avec les entreprises, pour qu'elles travaillent l'une avec l'autre et non plus l'une contre l'autre. D'abord, il faut en finir avec les délais de paiement scandaleux qui minent la trésorerie de tant de nos PME. Je propose que celles-ci puissent se faire régler leurs créances en retard par un organisme public Bpifrance ou la Caisse des dépôts, à cette dernière d'obtenir le paiement auprès de l'acteur public concerné. L'administration fiscale, les URSSAF, l'inspection du travail doivent développer une autre culture dans leur relation avec les entreprises, en concentrant leurs efforts sur les vrais fraudeurs, et en garantissant plus de sécurité juridique aux autres. Je formule beaucoup de mesures très concrètes en ce sens.

Relever l'économie de notre pays est une tâche immense. Nous devrons rattraper nos retards le plus rapidement possible, mais il faudra aussi préparer l'avenir. Ce redressement devra être l'affaire de tous – État et collectivités, salariés, fonctionnaires, entrepreneurs, actionnaires, syndicats – et il impliquera de changer de mentalité dans beaucoup de domaines. La confiance reviendra si nous regardons l'avenir avec détermination pour préparer la France que nous souhaitons laisser à nos enfants. Nos formidables atouts sont aujourd'hui sous-utilisés. Nous devons reconstruire un projet collectif et regarder le monde tel qu'il est : révolution écologique, révolution digitale, révolution de l'économie du partage, etc. Rarement dans l'histoire avons-nous vu autant de « révolutions » transformer aussi rapidement l'économie et la société. Il faut se préparer à accueillir ce monde nouveau.

2. « LES NOUVELLES ÉVOLUTIONS DU MONDE CONSTITUENT UN DÉFI »

La France ne profite pas suffisamment de la mondialisation

Il y a en France une peur diffuse de la mondialisation et de ses conséquences. Les populismes en jouent et leur discours du repli sur soi fait florès. Il est vrai que la mondialisation est un processus brutal. J'ai en tête les mots d'un entrepreneur retraité : « L'entreprise que j'ai créée, développée et cédée au moment de ma retraite a disparu dans le tourbillon des délocalisations. » Les délocalisations conduites de façon souvent violentes ont été des drames humains et ont sinistré des bassins de vie entiers : « La mondialisation détruit les emplois français depuis trente ans, au profit de la Chine et des États-Unis », s'inquiète un salarié du Puy-en-Velay. Mais la mondialisation est également un coupable idéal, une forme d'alibi. C'est un phénomène qu'il faut aborder avec pragmatisme car elle existe et se poursuivra. Nous ne la stopperons pas. Si nous admettons collectivement qu'il serait fou de nous mettre à l'écart du monde, il nous faut l'affronter avec les forces qui sont les nôtres.

Il nous faut aussi regarder la vérité en face : les délocalisations constituent un traumatisme collectif mais sont responsables de moins de 10 % des destructions d'emplois dans notre économie. Contrairement à ce que prétendent de concert l'extrême-droite et l'extrême-gauche, l'essentiel de nos difficultés économiques provient des nombreux dysfonctionnements intérieurs. Comme l'écrit une salariée, c'est notamment « la lourdeur administrative qui rend nos entreprises moins compétitives sur la scène internationale et freine les investisseurs ».

« La mondialisation n'a pas profité à la France », m'ont écrit certains contributeurs. Comment faire en sorte qu'elle nous profite davantage à l'avenir ? Là est, me semble-t-il, la question clé. C'est ce qu'exprime un employé en Haute-Garonne, lorsqu'il m'écrit : « Nous sommes un peuple à la croisée des chemins. La mondialisation est une chance. Il faut en finir avec nos archaïsmes. »

J'ai l'ambition de « réindustrialiser le pays », et je suis convaincu que c'est par la compétitivité et l'anticipation que nous y parviendrons ! C'est en effectuant toutes les réformes dont notre pays a besoin que nous pourrons redevenir conquérants. Ce salarié l'a bien compris :

« En quarante ans mon entreprise a créé 15 000 emplois en France, 55 000 à l'international. Nous créerons encore de l'emploi en France si et seulement si la France reste compétitive et attractive, car nos futurs emplois ne seront créés que pour accélérer notre développement international. »

Je ne crois pas pas que les Français aspirent à l'isolement. Que nous proposent les détracteurs de la mondialisation si ce n'est une « idéologie pessimiste du repli sur soi qui serait une catastrophe » comme le formule ce salarié ? Soutenir que notre économie irait mieux dans un pays barricadé est une imposture. Une telle situation condamnerait nos secteurs qui font notre force à l'international – aéronautique, agroalimentaire, luxe, industries pharmaceutiques, vins et spiritueux, industries de la création, entre autres – à subir des mesures de rétorsion. Loin de nous protéger, le retour à des frontières économiques nationales au mépris de soixante ans de construction européenne et des accords signés avec nos partenaires commerciaux provoquerait une hausse des prix à la consommation et des taux d'intérêt, une baisse de l'investissement et *in fine* un appauvrissement des ménages. « Commençons par consommer français ! » m'écrit-on. Sans doute pouvons-nous, dans nos comportements de consommateurs, faire preuve de davantage de patriotisme, mais n'oublions pas que l'autarcie ne sera jamais possible ni même souhaitable.

Je suis convaincu que la grande majorité de nos concitoyens partagent le sentiment de cet homme, qui « souffre de voir la France affronter aussi mal les défis de la mondialisation alors qu'elle possède tous les outils pour réussir ». Les forces vives de notre pays ont le potentiel pour réussir, tâchons de les aider, de les soutenir ! Je partage entièrement la vision du rôle de l'État qu'un étudiant m'a proposée :

« Le premier des handicaps est que l'économie française est restée figée à une époque révolue. Certains raisonnent encore sur l'opposition État/marché, alors que la mondialisation nécessite un État fort sur ses bases régaliennes et un État garant d'une économie libérée. »

Un État fort sur ses bases régaliennes, c'était l'objet du second livre programmatique que j'ai publié. Un État garant d'une économie libérée, tel est l'objet de ce troisième ouvrage.

Bien sûr, il ne s'agit pas d'être naïfs et d'accepter tous les renoncements pour se laisser dicter notre conduite par quelques firmes multinationales passées maîtres dans l'évitement de l'impôt, ou des pays qui pratiquent le dumping social et environnemental. Nous avons des armes pour nous défendre et l'Europe doit à cet égard davantage jouer son rôle. Mais il nous faut aussi saisir les formidables opportunités que la mondialisation nous offre. L'émergence des pays en développement en Amérique latine, en Asie, et en Afrique est une chance : pour nos entreprises, elle signifie l'ouverture de nouveaux marchés et la possibilité pour nos produits et notre culture de rayonner. Le protectionnisme n'est pas notre horizon. Notre pays dispose d'atouts formidables. Pour les faire éclore nous devons œuvrer à redonner de la liberté, de l'envie et de l'espoir. C'est pourquoi nous devons faire le choix d'une France ouverte, réactive, lucide, et prête à appréhender avec sérénité les grands défis du XXIe siècle.

Les révolutions technologiques en cours transforment la société et l'économie

« La France anticipe-t-elle la robotisation des emplois non qualifiés, l'essor de l'intelligence artificielle ? » s'inquiète une étudiante. En effet, l'emploi de demain ne sera pas celui d'hier. Il serait vain de vouloir freiner ces changements. Ce serait aller à contre-courant de l'histoire économique. Nous sommes entrés dans une période unique de transition fulgurante, comme la nomme Pierre Giorgini dans son ouvrage.

Révolution digitale, essor de l'économie du partage, société à coût marginal, la classe politique doit tenir compte de ce monde qui change. On m'a parlé des « bouleversements provoqués par le digital » tout en rajoutant que « nous allons vers une société « uberisée » dont nos politiques ne mesurent pas les implications ». Je considère que c'est ma responsabilité de candidat à l'élection présidentielle de prendre la mesure de ces transformations mais plus encore d'en tirer tous les profits pour notre bien-être collectif. Les Français voient que les choses changent : explosion du mobile et de la consommation internet sur *smartphone*, forte croissance du commerce en ligne, apparition de nouveaux acteurs tels qu'Uber, AirBnB ou Blablacar. La liste est longue et va s'allonger encore !

L'exemple de l'économie du partage me tient particulièrement à cœur car il illustre très bien à la fois les opportunités et les risques que portent ces évolutions. L'économie du partage enchante le consommateur et inquiète le citoyen. Nous sommes en effet très heureux à titre individuel de pouvoir bénéficier des nouveaux produits et services qui nous sont offerts, tout en nous inquiétant des conséquences de l'« ubérisation » de la société, à l'image de ce salarié :

« Pour gagner correctement ma vie, je ne tiens pas à louer ma voiture le weekend, à jouer au taxi la nuit ou à vendre des objets "faits maison" sur un site *low cost*, je veux juste conserver mon emploi salarié et la sécurité qu'il procure. »

Je comprends son angoisse, mais l'économie collaborative est aussi un coup de pousse non négligeable pour le pouvoir d'achat de milliers de ménages français qui veulent travailler un peu plus. S'ils sont prêts aux efforts qu'implique ce « treizième mois collaboratif », je ne vois pas de raison de les en empêcher !

La réponse n'est évidemment pas d'une seule pièce. Tout comme la mondialisation, ces évolutions sont là, il serait illusoire de les entraver dans l'espoir de conserver le monde d'avant, et vain de vouloir les ralentir pour retarder les ajustements nécessaires. L'action publique doit pour une fois faire preuve de vision et non s'arcbouter sur la défense du passé. Souvenons-nous du « refus » des politiques comme des syndicats de la robotisation de l'industrie française, vécue comme un risque pour l'emploi. Le résultat c'est que notre industrie est effectivement peu robotisée, que des milliers d'emplois ont été quand même détruits car notre pays n'a pas pu maintenir sa compétitivité et s'est désindustrialisé.

C'est ce qu'exprime ce fonctionnaire lorsqu'il écrit qu'« il faut accompagner la mutation vers la société participative », ou cet entrepreneur, lorsqu'il juge que « les dirigeants français ne voient pas que le monde change et qu'il avance sans nous ». Cela implique de prévenir les abus et les débordements du monde nouveau, évidemment, mais aussi d'en accueillir les bienfaits, en lui faisant une place dans nos réglementations, notre système de formation, notre fiscalité. L'économie collaborative est une chance. Elle est trop souvent dépeinte sous un angle négatif. Les acteurs et les usagers sont stigmatisés (économie grise, concurrence déloyale, fraude fiscale), au détriment d'un discours positif qui soutienne l'innovation et l'initiative individuelle.

Il faut saisir les opportunités nouvelles qui se présentent à nous.

> « La tendance mondiale à l'urbanisation doit donner un rôle à jouer à notre pays dans le domaine de la ville du futur. Nous avons toutes les expériences, les compétences et les entreprises pour être un acteur de cette tendance. »

C'est très juste et ce n'est qu'un exemple. Nous pourrions également citer l'internet des objets qui constitue un potentiel exceptionnel d'optimisation des dépenses publiques et d'évitement des gaspillages en tous genres. Cette technologie représenterait un potentiel de 7 % de croissance en Europe d'ici 2025. Les secteurs les plus impactés seront sans doute les transports, l'énergie, la santé et le logement. Ces technologies rendent possible un retour de la croissance, mais sur un autre modèle que celui que nous avons connu jusqu'alors : une croissance moins consumériste, plus sobre, plus circulaire.

Notre modèle social doit s'adapter pour pérenniser l'essentiel

Pour retrouver la pleine maîtrise de notre destin face à la mondialisation et aux mutations technologiques, nous devons être capables de produire, d'exporter, d'inventer et de retrouver l'esprit de conquête qui nous a animés des siècles durant. Je suis libéral par pragmatisme, car je crois à l'efficacité de l'esprit d'initiative, de la liberté d'entreprise, de la responsabilité individuelle. Le monde qui s'annonce réclame plus de liberté, d'agilité, de souplesse. Il faut savoir rénover nos approches pour y réussir autant que nous avons su réussir grâce aux vagues de transformation précédentes, qui nous ont permis de devenir l'une des premières économies du monde. Le tout est de savoir le faire sans perdre notre âme, sans renoncer aux exigences de solidarité et d'éthique qui sont le fondement de notre pacte national.

À ce titre, l'une des craintes qui m'a été le plus souvent relayée est celle de voir notre modèle social balayé par les transformations du monde. Je ne crois pas qu'il faille, comme certains contributeurs sont allés jusqu'à le suggérer, « rapprocher le niveau des prestations de notre système de solidarité de celui de nos compétiteurs ».

Je crois au contraire, comme ce contributeur que « la solidarité n'est pas la cause du problème » mais qu'elle est « simplement dépassée par la faiblesse de notre économie ». L'idée que nous nous faisons de la solidarité est une forme d'aboutissement de la civilisation dont nous pouvons être fiers. Notre aspiration sociale est enviée et admirée à travers le monde mais notre système est à bout de souffle car il s'est alourdi à l'excès, les abus et gaspillages se sont multipliés, et les réformes ont été jusqu'à aujourd'hui insuffisantes. Il est urgent de rénover notre système de protection sociale, parce que faute de financement sa pérennité n'est aujourd'hui plus assurée. Il ne s'agit pas d'y renoncer mais bien de le rendre juste, efficace et viable.

3. Les déclics de confiance pour capitaliser sur nos atouts

Prenons conscience des forces de notre pays ! Depuis trente ans, les politiques de « protection », de « sauvegarde », de « soutien » se sont succédé, alourdissant notre économie et bridant les énergies. Nous avons dépensé des milliards d'euros pour sauver des emplois mais si peu pour en créer. Et si nous regardions les choses différemment ? Nous sommes encore la sixième puissance mondiale, avec des atouts exceptionnels, des actifs uniques qui doivent être les fondations de notre dynamisme économique futur.

Faire confiance à notre jeunesse

« Faire 250 % confiance à nos jeunes… ce sont eux qui construiront la société de demain », m'a-t-on écrit. C'est pour eux que nous nous engageons et que nous agissons, pour leur laisser un monde meilleur. J'en suis intimement convaincu : la première force de notre pays est notre jeunesse. Elle a envie de prendre son destin en main, d'« entreprendre » : un jeune sur deux déclare partager cette envie. Il y a là un potentiel considérable. Alors que les jeunes sont aujourd'hui les premiers concernés par les difficultés économiques et les blocages de la société, une étudiante me demande de « donner la chance aux jeunes de relever le défi du monde de demain ». Redonner à la jeunesse les clés de notre avenir, voilà le défi qui sera le mien.

Libérer les énergies, tout miser sur l'innovation

Pour cela, nous devons commencer par « libérer les énergies et faciliter les créations d'entreprises innovantes ». La France est à la pointe dans certains domaines. J'en ai déjà cité un certain nombre. Je pense notamment aux formidables ressources de créativité que recèle notre pays, portées par le dynamisme de nos industries culturelles. J'aime l'exemple des jeux vidéo. Ce marché représente un chiffre d'affaires de 2,87 milliards d'euros, pour une croissance de 6 % en 2015. Nous y sommes parmi les leaders et le talent des Français est envié partout dans le monde. Les potentialités de la réalité virtuelle devraient encore donner à ce secteur de très belles heures, et je souhaite que nous continuions à être à la pointe. Pour cela, il faut « accepter que les efforts soient récompensés, considérer les entrepreneurs comme les moteurs de la société », nous dit un salarié, et « le challenge, la combativité doivent être plus mis en valeur », recommande un autre. Oui, il est légitime d'aspirer à la réussite par le travail et la création, et je compte tout faire pour que notre jeunesse soit convaincue que cela est possible en France.

Investir dans la recherche et les infrastructures

« Il nous faut adopter une stratégie de long terme de développement des énergies renouvelables, énorme gisement d'emploi, de modernisation énergétique de l'ensemble du patrimoine bâti, une réforme en profondeur de nos systèmes de transport. Nous devons enfin construire une société du XXIe siècle. »

Dans un monde de connexion et de mouvement, la France dispose traditionnellement d'un des réseaux d'infrastructures les plus développés au monde. Ce salarié recommande à juste titre de « concentrer le budget de l'État sur le régalien et les infrastructures ». C'est une priorité des prochaines années car la situation de nos infrastructures est préoccupante. Nombre d'entre elles, dans le secteur du transport ferroviaire ou de la production d'énergie en particulier, sont vieillissantes, et les besoins d'investissement sont importants. Il faudra en priorité rénover les infrastructures pour les rendre plus sûres. Les développements nouveaux devraient pour l'essentiel se concentrer sur la connexion numérique de nos territoires, car l'accès de tous au haut débit est une exigence légitime, et la production d'énergies renouvelables. Je souhaite que nous continuions à investir de façon importante dans ces domaines.

Il faut aussi, évidemment, « miser sur la science et la recherche, l'exploiter plus facilement sans devoir attendre des années », comme le souligne ce salarié de 39 ans installé en Espagne. La recherche française se classe parmi les meilleures du monde, elle doit nous permettre de défricher l'avenir, de trouver des solutions innovantes aux problèmes de notre temps, d'ouvrir de nouvelles brèches dans les limites de la connaissance.

Nos entreprises. De toutes tailles.

Dans les secteurs de la santé, du luxe, de l'énergie, la France irrigue les marchés mondiaux. Nos entreprises de grande ou de taille intermédiaire sont les fers de lance de l'exportation et de la création d'emplois. Elles ont su résister à la crise grâce à leur vision à long terme et à la solidité de leur gouvernance. Il y a enfin tout ce tissu de TPE et PME qui font la vivacité de notre économie, dans tous les secteurs. Je pense notamment à l'artisanat, au commerce, à l'agriculture, au tourisme. La France continue d'attirer les curiosités, de surprendre. Nous entendons beaucoup que la France n'inspire plus le monde, et nous le croyons parfois. Pourtant tant de gens viennent la visiter, ou rêvent de le faire. Nous sommes la première destination touristique du monde.

On m'a interpellé : « Mettez des moyens pour développer le tourisme ! » Le tourisme en France emploie 1,2 million de personnes et représente 7,4 % de notre PIB. C'est considérable, et c'est une source de richesse pour tous nos territoires. Que l'on pense à la diversité de nos paysages, de nos patrimoines, et de notre gastronomie. Pour autant, alors que les États-Unis et la Chine ont lancé un vaste plan en faveur du tourisme, nous aurions tort de nous reposer sur nos lauriers. « Il faut valoriser les paysages, tout en veillant à préserver leur équilibre. » Oui, il faut veiller à préserver notre précieux héritage, tout en rénovant nos capacités d'accueil.

Et tant d'autres choses encore...

Aux côtés de nos entreprises, il y a aussi nos associations. Les dizaines de milliers de bénévoles qui s'engagent quotidiennement pour des causes qui leur sont chères jouent un rôle essentiel dans la cohésion de notre société, et les associations elles aussi créent du travail. Le secteur associatif représente ainsi près de 2 millions d'emplois. Ce sens si aigu qu'ont les Français pour l'engagement collectif est une chance.

> « Les associations sont indispensables pour le lien social, la solidarité, l'occupation et la construction des jeunes et il faut permettre à ces associations d'avoir de vrais professionnels salariés, formés... »

Au-delà des associations c'est tout le secteur de l'économie sociale et solidaire qui peut jouer un grand rôle dans la croissance des années à venir.

Je crois aussi au potentiel de la mer, souvent la grande oubliée de nos politiques de développement territorial. Un habitant du Var m'a appelé à « avoir une vraie politique maritime, gisement énorme de potentiel ». Nous disposons en effet du deuxième domaine maritime mondial en superficie : 11 millions de km^2 dont 97 % outre-mer. Nos fonds marins sont riches en argent, cobalt, bore mais aussi en nodules et sulfures polymétalliques, ressources stratégiques devant l'envolée des prix des minerais devenus rares. Nos pêcheurs, comme nos agriculteurs, vivent au gré des errements du prix du baril du pétrole sans jamais savoir ce qu'ils pourront tirer du fruit de leur travail. Ils travaillent dur pourtant, avec passion et assiduité, et font vivre des valeurs auxquelles j'adhère depuis l'enfance, qui cimentent une société.

La liste de tout ce que notre pays compte comme forces ne sera jamais exhaustive. Mais il faut que nous en soyons certains : la France dispose d'atouts d'exception et c'est sur ce socle que nous devons construire nos stratégies pour demain. La géographie et l'histoire nous ont donné vocation à occuper une place singulière dans le monde. C'est à nous de faire en sorte que cette place continue d'être parmi les premières, parmi ceux qui font l'avenir. Notre projet économique doit permettre aux Français d'agir dans un monde qui change. Nous y parviendrons en libérant notre pays de ses entraves, en lui donnant les moyens d'exploiter pleinement ses atouts, et surtout en regardant devant nous pour nous adapter avec intelligence. Une femme m'écrit que ses « préoccupations concernent surtout ses enfants et leur avenir ». C'est bien là l'essentiel. Quelle France laisserons-nous à nos enfants ? Un pays replié sur lui-même, pessimiste et endetté, ou bien une France ouverte, dynamique, et confiante en son avenir ? La réponse ne dépend que de nous-mêmes.

Entretien avec
Emmanuel Lechypre

Le projet

Emmanuel Lechypre : Lorsque l'on observe l'ensemble des indicateurs économiques, on constate que la France, au-delà des effets de la crise de 2008, décroche par rapport aux autres grands pays développés depuis le début des années 2000. Quel diagnostic portez-vous sur les difficultés économiques et sociales de la France d'aujourd'hui ?

Alain Juppé : Je suis lucide : l'état économique et social de notre pays est inquiétant. En témoignent la faiblesse des principaux indicateurs de notre économie et la perte de confiance en notre avenir collectif.

Ainsi notre chômage est deux fois plus élevé que chez nos principaux partenaires et voisins : il dépasse 10 % alors qu'il est inférieur à 5 %

en Allemagne, et légèrement supérieur à 5 % au Royaume-Uni. C'est une situation désastreuse.

Alors qu'elle a repris vigoureusement partout autour de nous, la croissance tarde à revenir et demeure très fragile en France. La croissance potentielle devrait se situer au mieux autour d'1,5 % dans les prochaines années. Par comparaison, elle est de l'ordre de 2 % en Allemagne, de 2,5 % au Royaume-Uni et en Espagne, et de 3,5 % en Irlande. Tous les pays qui ont conduit de vraies réformes au cours des dernières années en récoltent désormais les fruits.

L'investissement reste au point mort faute de visibilité pour les investisseurs potentiels. En dépit des engagements pris, nos déficits publics ne se résorbent que très lentement. Notre trajectoire budgétaire nous rend ainsi particulièrement vulnérables à un nouveau choc ou à une remontée imprévue des taux d'intérêt. Notre fragilité en la matière est immense.

Le plus grave, c'est que notre moral est au plus bas. Un très grand nombre de nos compatriotes s'interrogent sur la France qu'ils transmettront à leurs enfants, et craignent non seulement qu'elle soit différente de celle qu'ils ont reçue de leurs parents, mais surtout qu'elle soit en piètre état.

Cette situation ne date pas d'hier. Il nous faut par exemple revenir quarante années en arrière pour trouver la trace d'un budget à l'équilibre. Depuis lors, nous vivons à crédit. Plutôt que de décider ensemble des changements nécessaires pour assurer la pérennité de notre système, comme l'ont fait nos voisins, à commencer par l'Allemagne, et plus récemment l'Espagne ou l'Italie, nous avons préféré retarder les choix. C'est vrai qu'ils demandent de la pédagogie et du courage de la part des gouvernants et une capacité à montrer le chemin. Nous avons pris beaucoup de retard. Contrairement à ce que certains ont dit, nous sommes loin d'avoir tout essayé, ce qui signifie que nous pouvons encore réussir pour peu que nous nous en donnions les moyens.

EL : Pourquoi la France n'est-elle pas capable de conduire de telles réformes, à la différence des autres pays européens ? Les Français sont-ils plus difficiles à gouverner que leurs voisins ? Les corporatismes sont-ils plus forts qu'ailleurs ? Cela tient-il au manque de pédagogie ou d'audace des dirigeants politiques ?

AJ : Les pays que nous venons de citer, en particulier l'Espagne et l'Italie, rappelons-le, n'ont pas conduit ces réformes de gaieté de cœur, mais véritablement contraints et forcés sous peine de basculer dans le gouffre. Nous avions davantage de réserves. Au lieu de les utiliser pour adopter un rythme plus mesuré de changement, nous les avons consommées pour ne pas bouger, ou alors très lentement.

Les responsables politiques ont à coup sûr à répondre de cette lenteur, mais ils ne sont à l'évidence pas les seuls. Pour autant, je ne crois pas que la société française soit plus frileuse ou plus rétive au changement que d'autres. Plusieurs réformes le montrent : celle que j'ai dirigée pour transformer France Télécom, administration d'État en société privée, aujourd'hui Orange, ou encore celle de l'autonomie des Universités.

Je ne sais pas d'ailleurs s'il existe un pays où les transformations s'opèrent sans heurt. Aux États-Unis, on voit toutes les difficultés auxquelles s'est heurté le président Barack Obama pour mettre en œuvre sa réforme de la santé (« Obamacare »). Plus proche de nous, en Allemagne et en Espagne, on voit que si l'ancien chancelier Gerhard Schröder et l'ancien président du gouvernement espagnol José Luis Zapatero ont mené des réformes courageuses, ils ont aussi perdu les élections.

EL : En d'autres termes, si les hommes politiques ne font pas les réformes nécessaires c'est qu'ils ne songent qu'à leur réélection et pas à l'intérêt du pays ?

AJ : C'est une idée qui peut venir à l'esprit. Elle ne traversera pas le mien puisque je me porte candidat à un seul et unique mandat présidentiel. Je veux avoir la liberté d'agir, de réformer sans être contraint par des échéances électorales. De manière plus générale, nous touchons là l'équilibre que l'on attend d'un homme d'État : avoir une vision à long terme, être à l'écoute de ses concitoyens et puis, le moment venu, faire preuve de volonté et d'autorité.

EL : À la lecture des enquêtes d'opinion, on constate que les Français, tout en restant attachés à la prééminence d'un État régalien solide, souhaitent majoritairement davantage de liberté au quotidien et sont prêts à accepter davantage de flexibilité économique. Ne sont-ils pas davantage prêts à des réformes d'ampleur que ce que croient les dirigeants politiques ?

AJ : C'est aussi ma vision. L'État est le seul à pouvoir assurer un certain nombre de missions. Qui d'autre que lui pour assurer la défense de la Nation, la sécurité du pays au quotidien, l'égalité des chances, la gestion des flux migratoires et veiller au strict respect de la laïcité et de nos principes fondamentaux ? C'est ce que j'appelle l'État fort et que j'ai détaillé au fil de mon précédent ouvrage, *Pour un État fort*.

Cette conviction ne m'empêche pas de percevoir chaque jour l'envie grandissante de liberté et le besoin d'oxygène qu'expriment les Français que je rencontre à l'occasion de mes nombreux déplacements. Partout sur le territoire, tous, quelle que soit leur activité, ont le sentiment d'une chape de plomb qui pèse sur leurs épaules et de boulets qui freinent leurs projets. Je veux briser cette chape et les libérer de ces boulets.

Les Français ne veulent pas que l'État disparaisse, ils veulent qu'il soit à sa juste place. L'État doit être plus présent, faire preuve d'une grande autorité sur les questions régaliennes. Il doit, à l'inverse, se désengager de certains secteurs pour redonner de la liberté aux acteurs économiques, sociaux, et aux Français en général. J'ai l'ambition de fonder un nouvel équilibre des relations entre l'État, la société et l'économie françaises.

EL : Vous avez souligné un point important : aucun pays n'a réformé sérieusement à moins d'y être obligé. Aujourd'hui, la France est-elle dans une situation à ce point difficile, que nous pouvons « espérer » voir ces réformes enfin menées ? Lorsque l'on voit l'opposition que soulève chez les Français un texte comme celui du projet de loi de réforme du travail, on peut en douter.

AJ : Certes, le sentiment d'urgence est moins perçu par une partie de nos concitoyens, en particulier ceux dont l'emploi et le pouvoir d'achat n'ont pas été directement affectés par la crise. Mais notre pays compte près de 5 millions et demi de demandeurs d'emploi, qui n'ont aucune activité ou un emploi extrêmement précaire ! Et cela sans parler de toutes celles et ceux qui se sont découragés et ont cessé de rechercher du travail. C'est un drame humain inacceptable, un formidable gâchis économique, immédiat et pour l'avenir. J'ajoute que cette situation de chômage de masse dégrade la situation financière de notre protection sociale et menace sa pérennité. C'est l'urgence de l'action qui doit aujourd'hui nous guider. Les Français dans leur majorité en ont pleinement conscience : ils veulent des réformes.

Cela ne suffit pas. La manière de mettre en œuvre ces réformes sera décisive pour garantir ou non leur réussite. L'une des principales raisons du blocage de notre pays et de l'impopularité record du gouvernement est que le président de la République et son Premier ministre mènent une politique sans rapport avec celle sur laquelle ils ont été élus. Lorsque l'on fait une campagne avec tous les ingrédients démagogiques de la gauche, contre la toute-puissance de la « Finance » et pour la taxe des hauts revenus à 75 %, et que deux ans plus tard on prétend mener une politique social-libérale, il y a comme un léger décalage ! Personne n'avait annoncé aux Français que l'on toucherait au Code du travail… On comprend le désarroi d'une large partie des électeurs de François Hollande, d'une partie de la majorité parlementaire voire de certains membres du gouvernement. François Hollande n'a pas été élu pour mener la politique qu'il annonce vouloir conduire aujourd'hui, il n'a donc pas la légitimité politique pour le faire.

J'ai choisi, pour ma part, d'annoncer aux Français les transformations majeures de notre modèle économique et social que je juge nécessaires. C'est en disant clairement avant les élections ce que l'on entend faire que l'on acquiert la légitimité pour le mettre en œuvre ! C'est la démarche que j'ai engagée en leur présentant mon projet et c'est l'action que je veux conduire en sollicitant un seul mandat pour y parvenir.

EL : C'est un point important ! Les Français ont l'impression d'être dirigés par des gestionnaires qui ne font que des réformes d'ajustement, et que personne ne leur propose une vision de ce que sera la France dans dix, quinze ou vingt ans. Quel est votre projet ? Sur quel nouveau contrat social comptez-vous bâtir le redressement de l'économie française ?

AJ : La France est aujourd'hui en grande défiance. Je veux la conduire sur le chemin de la confiance. Pointer les principales faiblesses de notre économie, relever nos difficultés à réformer, et mesurer que nous n'avons pas le moral ne m'empêche pas de dire aux Français que notre pays n'est pas condamné au déclin et que la première clé du succès c'est de reprendre confiance en nous !

Rappelons-le, d'autant plus que ceux qui ont pour objectif de nous dénigrer sont légion. La France a des atouts considérables. Nous sommes une grande puissance économique, la sixième au monde ; nous bénéficions d'une démographie dynamique ; nous disposons d'infrastructures que beaucoup (encore) nous envient ; nous demeurons attractifs, y compris pour les investisseurs ; nous avons une épargne solide, qui demande certes à être mieux investie ; nous avons un État de droit avec une administration intègre mais, plus que tout, nous pouvons compter sur les Françaises et les Français. Ils sont particulièrement créatifs et productifs ! Notre jeunesse fourmille d'idées et développe un esprit d'entreprise hors du commun ! Il est essentiel de le préserver et de l'encourager.

Voilà pourquoi je suis persuadé que si un quinquennat n'épuisera pas tous les chantiers, il peut nous remettre dans la course et redonner une perspective à nos concitoyens. C'est mon objectif. La France que je souhaite avoir contribué à façonner en 2025/2030 aura, je l'espère, beaucoup changé, de même que le regard que les Français portent sur elle et sur eux-mêmes. Je veux qu'elle redevienne une terre d'optimisme et d'opportunités, que la jeunesse aborde l'avenir avec confiance et que cet avenir ne soit plus synonyme de menace.

Je veux que la France repose davantage sur les principes de participation et de responsabilité. La participation, c'est l'esprit d'initiative, une contribution de tous aux efforts, c'est aussi une société plus collaborative, moins pyramidale, et plus inclusive, dans laquelle aucune personne ni aucun territoire n'est laissé de côté. La responsabilité, c'est la juste récompense des efforts et du mérite, c'est aussi la prise en compte des générations futures, que ce soit en termes de réduction de la dette publique ou de croissance durable.

Pour y parvenir, il faut faire partager cette vision et mettre en œuvre un programme de transformation, définir le cap et le tenir. Si ces conditions sont réunies, les Françaises et les Français réapprendront la confiance, entre eux d'abord, envers leurs gouvernants ensuite. Ils ne douteront plus du formidable potentiel de leur pays et ils sauront accueillir le monde nouveau.

EL : Une partie de vos réformes sera destinée à « solder le passé ». Mais est-ce bien l'agenda dont nous avons besoin aujourd'hui ? N'y a-t-il pas un risque de faire des réformes qui ne sont plus adaptées aux problématiques du XXIe siècle ? Je pense en particulier à tous les enjeux autour du numérique qui va tout bouleverser : la façon dont on travaille, dont on se déplace, dont on se soigne, dont on apprend, dont on se nourrit…

AJ : Coût du travail, rigidités du marché de l'emploi, poids de la fiscalité, de la norme et de la dette, insuffisance de la mobilité sociale, besoin de modernisation de l'État-providence, ce ne sont en effet pas des difficultés nouvelles, et pourtant elles n'ont toujours pas été résolues ! Il faut donc bien commencer par se débarrasser de ces boulets pour prétendre participer à la compétition mondiale. Solder le passé, ce n'est pas regarder en arrière, c'est la condition à remplir pour aller de l'avant.

La nouvelle croissance ne sera pas semblable à celle des Trente Glorieuses. Il nous faut en inventer une autre, sobre en énergie, circulaire – nous avons vécu trop longtemps dans une économie dont le gaspillage était le moteur – et faisant toute sa place à l'économie collaborative et du partage, qui constitue un réel bouleversement de nos pratiques de production et de consommation. Au cœur de ces innovations, la révolution numérique tient une place fondamentale – c'est ce que nous démontre entre autres Pierre Giorgini dans son ouvrage très justement intitulé *La Transition fulgurante*.

Dans les domaines du commerce, de l'industrie, de la santé, de l'éducation, de la culture et dans bien d'autres encore, le numérique joue déjà et jouera un rôle essentiel. Il faut donc que la France entre de plain-pied dans ce nouveau monde et y fasse la course en tête. Ce nouveau monde nous apportera des opportunités et des progrès extraordinaires, mais aussi de nouveaux défis à relever. En particulier concernant le marché de l'emploi qui est et sera affecté par les progrès technologiques en cours et à venir. Comment s'y préparer ? Comment explorer les gisements d'emplois nouveaux ? Comment faire en sorte qu'ils profitent à tous ? Comment assurer la cohésion de la société ? Voilà les principaux enjeux. Il nous faut impérativement nous préparer à tirer profit de tout ce qui est devant nous. La France et autour d'elle l'Europe, pour peu qu'elles s'en donnent les moyens, peuvent et doivent être les pionnières de la croissance de ce siècle.

Vous le voyez, mon objectif est double : solder le passé, précisément pour préparer l'avenir.

L'emploi

EL : À propos de l'emploi, pensez-vous que l'on ait véritablement tout essayé pour en finir avec le chômage ? Préretraites, contrats aidés, baisse de charges, réduction du temps de travail, et j'en passe, on constate pourtant que depuis trente ans les stratégies déployées ont été nombreuses...

AJ : Contre le chômage, la France a tout essayé sauf ce qui marche partout ailleurs ! Nous avons en particulier essayé deux choses. D'une part, le partage du travail, avec les préretraites et les 35 heures, qui ont dégradé la compétitivité de nos entreprises et, à terme, détruit de l'emploi. D'autre part, les contrats aidés : autrement dit, financer par de l'argent public – que l'on n'a pas – la création d'emplois, souvent administratifs, non marchands, non productifs, non durables et donc sans avenir. Cela ne marche pas ! C'est pourquoi nous devons entièrement changer notre politique de l'emploi.

Tout d'abord, au lieu de la réduire, il nous faut augmenter la quantité de travail fournie par la France. Aujourd'hui les salariés français à temps plein travaillent environ deux cents heures de moins par an que nos principaux concurrents. Chaque Français travaille dans sa vie trois ans de moins qu'un Allemand, quatre ans de moins qu'un Danois et cinq ans de moins qu'un Néerlandais. Et cela sans compter toutes les heures de travail perdues en raison d'un chômage très élevé. C'est pourtant en travaillant que l'on produit de la richesse et en produisant des richesses que l'on génère du pouvoir d'achat, enclenchant ainsi un processus vertueux qui conduit à la création de nouveaux emplois et au maintien d'un niveau élevé de protection sociale.

En second lieu, rappelons-nous une réalité simple, et que nombre des politiques conduites depuis trente ans ont oubliée : ce sont les entreprises qui créent des emplois, pas l'intervention publique ou l'administration. Pour résorber le chômage, il faut commencer par créer les conditions pour que les entreprises investissent, soient compétitives et donc embauchent. Là est le véritable enjeu !

EL : Mais il n'y a pas de pays développé dans lequel la vie de chef d'entreprise est plus compliquée qu'en France. La preuve : c'est le pays dans lequel les PME ont le plus de mal à grandir !

AJ : J'ai, gravées en mémoire, les paroles d'un jeune entrepreneur, rencontré à l'occasion de la visite d'une pépinière d'entreprises située dans l'agglomération messine. Alors que sa start-up connaît une phase de développement, il a renoncé à embaucher sur les conseils de ses collègues, qui l'ont mis en garde contre les risques qu'il allait prendre et les difficultés auxquelles il serait confronté dans un contexte économique moins favorable.

Ce phénomène, nous le connaissons tous. L'incroyable rigidité de notre droit du travail est devenue l'ennemi de l'emploi. Ce verrou est connu de longue date, mais il est toujours là. Il faut le lever ! Voilà ce qu'on n'a jamais vraiment essayé et qu'il est nécessaire d'expliquer aux Français. Ce n'est pas en rendant les licenciements de plus en plus difficiles qu'on favorise l'emploi, c'est en permettant aux entreprises de s'adapter plus rapidement. Je sais bien la difficulté qu'il y a à convaincre de ce raisonnement. Certains qui veulent que rien ne change, et qui connaissent généralement une totale sécurité, y opposent avec facilité des arguments qui ont l'apparence du bon sens. C'est pourquoi il faut redoubler de pédagogie, et regarder autour de nous. Pourquoi donc les pays qui ont réformé en ce sens leur droit du travail au début des années 1990 – je pense à la Suède – ou au début des années 2000 – je pense à l'Allemagne – sont-ils aujourd'hui au plein emploi ou proches du plein emploi ?

EL : Vous évoquiez la durée du travail. Nombreux sont ceux qui critiquent la faillite des 35 heures, mais personne n'a jusqu'à présent osé s'attaquer frontalement à ce « totem », préférant contourner le dispositif pour essayer de le vider de sa substance. Le recours aux heures supplémentaires en est un exemple. Que proposez-vous concrètement pour sortir des 35 heures ?

AJ : Il faut cesser de louvoyer. Je veux supprimer la durée légale de 35 heures. Ce sera à chaque entreprise de fixer la durée du travail dont elle a besoin dans le cadre d'une négociation. Si elle souhaite rester à 35 heures elle le pourra, si elle souhaite passer à 36, 37, 38 ou 39 heures, elle le pourra aussi.

La loi prévoira que, à défaut d'accord, la durée applicable dans l'entreprise pourra être portée jusqu'à 39 heures.

On encourage ainsi l'augmentation du temps de travail et la négociation. Sans ces 39 heures de référence dans la loi que je suis le seul à proposer, il n'y aurait aucune incitation à sortir du *statu quo*.

Cette réforme présente par ailleurs un autre avantage et il est de taille, l'augmentation du temps de travail sera synonyme d'une augmentation des salaires et du pouvoir d'achat pour les salariés qui travaillaient 35 heures et qui passeront à 36, 37, 38 ou 39 heures. L'augmentation de leur rémunération sera proportionnelle à l'augmentation de leur temps de travail. Pour une majorité de salariés, le passage aux 39 heures correspondra à l'équivalent d'un treizième mois, voire davantage !

J'ai bien conscience que, pour ceux des salariés qui effectuent déjà aujourd'hui plusieurs heures supplémentaires et qui passeront à 39 heures, il pourrait en revanche y avoir une perte de revenu, puisqu'ils perdraient le bénéfice de leurs heures supplémentaires. Ce serait injuste et il faut l'éviter. C'est pourquoi je prévois de mettre en place une réduction équivalente d'impôt sur le revenu et de cotisations salariales. Nous avons inclus cette mesure dans notre trajectoire budgétaire, pour un coût de l'ordre de 2 milliards d'euros.

Au total, tout le monde gagnera ainsi à l'augmentation du temps de travail.

Je souhaite enfin que tous les accords pour augmenter la durée du travail comportent, aussi, des possibilités d'aménagement du temps de travail au profit des salariés. Ils aspirent à plus d'individualisation et à plus de souplesse, pour avoir un meilleur équilibre entre vie professionnelle et vie personnelle. Il faut répondre à ces aspirations, dans l'intérêt des salariés comme dans celui des entreprises.

EL : Comment la réforme s'appliquera-t-elle dans la fonction publique ?

AJ : L'objectif est exactement le même que dans le privé : il faudra travailler plus ! Cela se fera aussi par étapes, car cette hausse globale de la durée du travail devra intervenir, comme dans le secteur privé, en fonction des besoins, dans le cadre de négociations entre employeurs et représentants des fonctionnaires, avec des modalités différentes dans les trois fonctions publiques et à l'intérieur de chacune d'elles selon la nature des métiers exercés qui, pas plus que dans le secteur privé, n'appellent une organisation et une durée du travail uniformes.

Mais le parallélisme avec le secteur privé a ses limites. Pourquoi ? Parce que le but de l'augmentation de la durée du travail dans les entreprises, c'est de rendre notre économie plus dynamique, de développer l'offre, d'améliorer le pouvoir d'achat des salariés, d'exporter et pour finir de créer des emplois. Dans le secteur public, la perspective n'est pas d'accroître l'emploi mais de réduire le nombre de fonctionnaires en raison du niveau record qu'il atteint dans notre pays, tout en améliorant l'efficacité des services rendus.

Il y aura donc dans chaque organisme public une négociation portant sur la nature des missions accomplies, sur l'évolution des effectifs, sur la durée du travail et la transformation de ces organisations. Des hausses de rémunération liées à l'augmentation de la durée du travail devront résulter des gains de productivité liés à la baisse des effectifs, à la refonte des organisations et au développement du numérique dans les administrations.

EL : Après la durée du travail, je souhaiterais aborder avec vous la question du droit du travail, notamment à travers le Code du travail. Le seul point de consensus, c'est sa complexité. Pour le reste, il est bien difficile de s'y retrouver entre ceux qui pointent tout ce qu'il empêche, et ceux qui insistent sur tout ce qu'il permet, mettant par exemple en avant la quarantaine de CDD à la disposition des patrons pour embaucher avec flexibilité ?

AJ : Neuf embauches sur dix se font en CDD. Ce recours systématique au CDD, sous des formes variées et surtout avec des durées de contrat de plus en plus courtes, c'est bien la preuve que la législation et la jurisprudence concernant le CDI sont devenues trop contraignantes et porteuses de trop d'incertitudes. Plutôt que d'inventer un énième dispositif, ou de taxer les CDD, mon objectif est de réhabiliter le CDI et de le rendre attractif pour les entreprises.

Il faudra pour cela poser un principe général, à savoir que le Code du travail repose sur un socle d'ordre public défini dans la loi et qu'un certain nombre de dispositions relèvent, en revanche, du dialogue social, la loi n'intervenant qu'en l'absence d'accord. C'était d'ailleurs l'idée de départ du rapport Combrexelle. Le gouvernement s'est malheureusement employé à la dénaturer.

Cette refondation du Code du travail prendra du temps. Nous ne pouvons attendre si longtemps.

C'est pourquoi, en vue de débloquer la situation à très court terme et de renouer avec un climat de confiance, je préconise la mise en œuvre de ce que j'appelle des déclics de confiance.

D'abord la possibilité que les CDI prévoient des motifs prédéterminés de rupture, adaptés à l'entreprise, encadrés par la loi et homologués par l'administration. Ils seront définis dès la conclusion du contrat de travail. C'est ce que j'appelle le CDI « sécurisé ». Il sécurise, d'une part, le salarié qui connaît les motifs de licenciement possibles et a bien évidemment droit à une indemnisation ainsi qu'à l'assurance-chômage en cas de rupture. Il sécurise le chef d'entreprise, qui sait dès la conclusion du contrat qu'il pourra l'interrompre dans le cas où certains aléas économiques viendraient à se réaliser. Les partenaires sociaux ont su avec la rupture conventionnelle apporter de la sécurité juridique et réduire le nombre de conflits entre employeurs et salariés. Cet exemple doit nous inspirer.

Cette solution permettrait en outre d'éviter de recourir systématiquement aux prud'hommes, avec les délais de procédure et l'incertitude sur le jugement que l'on connaît.

J'ajoute enfin que la réforme initialement prévue par la loi El Khomri, et abandonnée en cours de route, sur le plafonnement des indemnités de licenciement en cas de contentieux devra être reprise.

EL : Que répondez-vous à ceux qui considèrent que le Code du travail est avant tout un outil de protection du salarié et en aucun cas un outil de politique économique en faveur de l'emploi ?

AJ : Je réponds que c'est cette idée qui maintient au chômage des millions de Français. Le Code du travail doit être un équilibre : sa vocation est bien sûr de protéger le salarié, mais en veillant à ne pas dissuader la création d'emploi. C'est malheureusement ce à quoi nous assistons aujourd'hui. Sa rigidité, sa complexité, l'imprévisibilité et la longueur des procédures engagées devant les prud'hommes que j'évoquais, sont autant de freins à la création d'emplois. Pourquoi sinon, depuis maintenant trente ans, le chômage n'a-t-il jamais reflué en dessous de 7 % et ce, quelle que soit la conjoncture ? La réforme du Code du travail est donc, de mon point de vue, l'une des réponses majeures au blocage de la situation de l'emploi en France.

EL : J'en reviens cette fois plus précisément à la place de la justice prud'homale. Elle traumatise les patrons puisqu'elle dissuade un tiers d'entre eux d'embaucher, selon un récent sondage. Comment améliorer son fonctionnement ?

AJ : Les motifs d'insatisfaction sont multiples. La justice prud'homale est beaucoup trop lente.

Je rappelle qu'en 2013, la durée des procédures a été telle que l'État a été condamné cinquante fois pour déni de justice.

60 % des décisions des prud'hommes sont contestées en appel, contre moins de 20 % pour les tribunaux de grande instance. Quant au taux de confirmation en appel des décisions prud'homales, il est inférieur à 30 %. Autrement dit, aller en appel aboutit dans 70 % des cas à infirmer le jugement initial. C'est bien le signe d'un dysfonctionnement majeur d'une justice beaucoup trop incertaine.

Il faut donc changer cela et demander aux partenaires sociaux de se mettre rapidement d'accord sur les termes d'une réforme de la justice prud'homale avec l'objectif d'accroître considérablement le volume des conciliations. Plusieurs pistes pourraient être explorées, telles qu'un assouplissement des règles relatives aux ressorts territoriaux, des transmissions automatiques aux juridictions de niveau supérieur au bout d'un délai donné ou encore un encouragement aux solutions amiables. À défaut d'un tel accord les pouvoirs publics devront prendre leurs responsabilités.

EL : Vous avez évoqué les principes du contrat du travail et ses mutations en cours et à venir. Sans parler de la fin du salariat – bien trop précoce à affirmer – nous assistons tout de même à la généralisation d'une certaine forme de « pluriactivité »

aboutissant au cumul de différents statuts (salarié, auto-entrepreneur, indépendant etc.). Comment intègre-t-on ces nouvelles dispositions ? Avez-vous bien pris la mesure des bouleversements à l'œuvre dans le monde du travail ?

AJ : Les nouvelles formes d'emploi se multiplient et la pluriactivité explose. Il s'agit, à mon sens, d'un mouvement inéluctable, qui trouve son origine dans la diffusion très rapide du numérique ainsi que dans l'évolution de nos mentalités.

Le travail salarié traditionnel fondé sur une tâche ou un métier unique, un lieu précis (bureau, usine, laboratoire) et un cadre horaire défini sera de moins en moins la norme.

À l'avenir, de plus en plus d'actifs pourront travailler à toute heure qui leur conviendra à peu près partout y compris en se déplaçant grâce au développement du télétravail que beaucoup de Français souhaiteraient pouvoir adopter, et sous des formes salariées ou indépendantes. Ce cadre sera, comme vous le soulignez, très propice à la pluriactivité.

Même si le salariat continue d'être ultra-majoritaire (il représente en France plus de 85 % des emplois, un pourcentage stable depuis quinze ans et comparable aux autres pays), on peut s'attendre dans les années à venir à une forte augmentation du travail indépendant, qui peut être tout à fait bénéfique. L'emploi indépendant constitue, en effet, aussi une opportunité d'insertion pour celles et ceux – souvent jeunes ou seniors – qui ne parviennent pas à obtenir un emploi salarié sur le marché du travail traditionnel.

Il faut donc se préparer à ces changements majeurs. Nous devrons être vigilants face aux éventuelles dérives, mais naviguer contre le courant serait absurde. Il faut employer notre énergie pour élaborer de nouvelles règles adaptées aux différents statuts des travailleurs en matière sociale et fiscale, et définir les filets de sécurité qui permettront, non pas de brider le développement de ces activités, mais de les accompagner et de les placer en situation de concurrence loyale. Il faut aussi encourager toutes les formes de portage juridique, fiscal et social des indépendants, pour leur épargner des tâches de gestion souvent lourdes, et leur permettre de se concentrer sur leur cœur d'activité.

EL : Certains économistes estiment que le statut d'intermittent du spectacle constitue notre avenir. Plus que le domaine d'activité en question, c'est le concept d'une organisation et d'une rémunération du travail par mission qui est ici en question.

AJ : Aujourd'hui, l'on peut retrouver cette forme d'intermittence que vous évoquez chez certains demandeurs d'emploi, qui alternent période de travail durant laquelle on accumule ses droits au chômage, avec des périodes de chômage. C'est l'une des conséquences du développement des contrats courts en raison du manque d'attractivité du CDI. Si je veux promouvoir le CDI, c'est pour permettre de sortir de ces phénomènes d'intermittence.

Il ne faut pas le taire : cette intermittence cache aussi parfois du travail au noir pendant des périodes qui sont en théorie des périodes de chômage, contre lequel il faudra lutter.

Notre système de protection sociale est un système généreux, un pilier de la société française. Si l'on veut le défendre, on ne peut tolérer ni dérives ni abus. Chacune et chacun de nous a le devoir de contribuer à la pérennité de notre modèle de société en respectant les règles.

EL : Encore faut-il qu'il y ait consensus sur le modèle de société ! En Allemagne, on accepte les mini jobs car il y a consensus sur l'idée que n'importe quel emploi vaut mieux que le chômage ? En France, ce consensus n'existe pas !

AJ : Je soutiens avec force qu'il vaut mieux travailler que se retrouver au Revenu de solidarité active (RSA), et qu'un emploi temporaire, en intérim ou à temps partiel, est préférable au chômage. Ces formes de travail répondent à un besoin de souplesse des entreprises et nos politiques publiques doivent tout mettre en œuvre pour qu'elles soient des sas vers l'activité : il ne s'agit pas d'y être enfermé durablement mais de s'en servir comme d'un tremplin vers un emploi plus stable. Nous devons recréer de véritables parcours d'emploi.

EL : Dans ce contexte, le débat sur le travail le dimanche ne vous apparaît-il pas surréaliste ou du moins suranné ?

AJ : Absolument ! Si je prends l'exemple de Bordeaux, ville touristique comme vous le savez, les magasins sont ouverts le dimanche, ce qui draine une foule considérable qui déambule et se promène le long des quais de la ville. Je n'ai pas senti que cette évolution avait en quelque endroit fracturé la société bordelaise… De même, lors de mon expérience au Canada, où tous les magasins ouvrent le dimanche, je n'ai pas non plus mesuré un quelconque malaise parmi les Canadiens, bien au contraire ! Le travail du dimanche ne pose aucun problème dans l'industrie ni dans les services : les blocages sont surtout concentrés dans le commerce.

De ce point de vue, l'exemple des Galeries Lafayette et du Printemps à Paris qui ne peuvent pas ouvrir le dimanche, alors même que la création de 1000 emplois est à la clé, est purement ubuesque et relève d'une vision paléolithique de notre société !

Là aussi, faisons preuve de souplesse et réalisons qu'à terme, toutes ces mesures coercitives finissent par paralyser la création d'emplois. Voilà l'enjeu, qui est aussi un enjeu pédagogique. Je suis donc favorable à une libéralisation du travail du dimanche. Il faut que les entrepreneurs qui le souhaitent et en sont aujourd'hui empêchés disposent de possibilités accrues d'ouvrir leur commerce, sous réserve bien sûr du volontariat des salariés et d'une majoration de rémunération pour ces derniers.

EL : Et les seuils sociaux, qu'en faites-vous ?

AJ : Les seuils sociaux constituent une véritable taxe sur la taille de l'entreprise. Ainsi, selon une estimation qui avait été réalisée en 2008 dans le cadre de la Commission « Attali », le passage du 49e au 50e employé entraînerait une augmentation de près de 4 % de la masse salariale. Il faut y remédier.

C'est pourquoi je propose de neutraliser pendant cinq ans les obligations sociales liées au franchissement de ces seuils par les entreprises.

EL : Au-delà de ces mesures en faveur de l'activité, il faudra également fournir un gros effort pour ramener vers l'emploi les populations le moins qualifiées. On parle de chômage de masse en France, mais il s'agit surtout d'un chômage de non qualifiés : 80 % des demandeurs d'emploi

inscrits à Pôle Emploi n'ont pas plus que le baccalauréat…

AJ : Je rajouterais à cette difficulté, tout à fait avérée, celle du chômage de longue durée, qui est également un facteur important à prendre en compte.

Concernant la qualification des demandeurs d'emploi, je l'ai écrit et je le répète : tout se joue à l'école, c'est pourquoi l'Éducation doit être la « mère des réformes ». Parmi mes réponses prioritaires à cet égard, il y a la question de l'alternance qui doit occuper toute sa place au cœur de notre dispositif de formation initiale. Aujourd'hui, le constat est sans appel : l'apprentissage est un échec français. La France compte trois fois moins d'apprentis que l'Allemagne et un taux de chômage des jeunes trois fois plus élevé. Les difficultés principales concernent les jeunes qui sont peu ou pas diplômés.

J'ai beaucoup réfléchi aux raisons de cet échec et j'ai identifié quatre blocages.

Le premier, c'est le verrou culturel dans les familles qui, pour une immense majorité, considèrent encore que l'orientation de leur enfant vers l'apprentissage serait un drame épouvantable. Pour rompre avec ces préjugés, je souhaite faire venir les entreprises dans les collèges, à partir de la cinquième, devant les enfants, devant les parents et devant les enseignants pour présenter les métiers qu'elles proposent. Non pas pour les orienter immédiatement, mais pour les informer de la réalité des métiers.

Le deuxième verrou est celui des relations entre l'Éducation nationale et l'entreprise, à travers la mise en œuvre de l'alternance, souvent difficile dans les faits. Je propose donc de rapprocher les lycées professionnels et les centres de formation d'apprentis (CFA), sur le modèle de ces derniers et sous l'égide des régions, à la condition que les entreprises soient fortement impliquées dans la détermination des filières porteuses en termes d'emploi.

Le troisième blocage se situe au sein de l'entreprise elle-même et résulte des règles trop strictes auxquelles sont soumis les apprentis qui y travaillent. On cite souvent l'exemple, corrigé depuis peu, de l'apprenti dans le bâtiment à qui il était formellement défendu de monter sur une échelle... De même, il y a encore des métiers où les apprentis n'ont pas le droit de s'approcher des machines. En termes d'incitation pour les entreprises, on a vu mieux !

Le quatrième verrou est d'ordre financier, car nous ne pouvons plus admettre que le recrutement d'un apprenti coûte aussi cher à l'entreprise. Pour cela, je compte améliorer et stabiliser les aides à l'apprentissage et revoir la réforme de la taxe d'apprentissage.

Il faut aussi traiter l'échec de l'orientation des jeunes dans l'enseignement supérieur. Nous évoquons très souvent les 150 000 décrocheurs qui sortent du système scolaire sans qualification, mais nous oublions tout aussi souvent les 50 % à 60 %

des jeunes qui s'inscrivent en licence à l'Université sans jamais l'obtenir, abandonnant souvent à l'issue de la première année ! C'est par exemple le cas pour 90 % des titulaires d'un Bac professionnel ou technologique, qu'il est impératif d'orienter vers des DUT ou des BTS, filières qui doivent leur être majoritairement réservées et qui n'ont pas vocation à devenir de plus en plus sélectives. Reste l'épineuse question de la sélection. Je veux dénoncer l'hypocrisie généralisée sur ce tabou bien français. 100 % des étudiants français sont sélectionnés ! La moitié pour entrer dans l'enseignement supérieur, via toutes les filières sélectives, classes préparatoires, BTS, IUT, PACES etc. et l'autre moitié par l'échec à la licence. Nous devons muscler l'orientation à l'entrée du supérieur pour mettre un terme à cet échec choquant. Je suis par ailleurs favorable à la sélection à l'entrée du master 1 au lieu du master 2.

Ramener vers l'emploi les personnes qui en sont actuellement très éloignées exigera aussi des politiques beaucoup plus offensives qu'aujourd'hui. Je veux ouvrir bien davantage l'apprentissage aux adultes, et faire retrouver le chemin des entreprises aux personnes qui sont loin de l'emploi depuis très longtemps, pour des périodes de ré-acquisition des compétences et d'une expérience professionnelle.

Je voudrais enfin évoquer une question qui me tient à cœur : l'emploi des personnes handicapées.

Toutes les personnes handicapées ne peuvent pas travailler mais beaucoup le pourraient, le veulent et ne trouvent pas d'emploi. Leur taux de chômage a plus que doublé depuis 2007.

Pour elles, l'accès à l'emploi est trop souvent un chemin de croix bureaucratique. Pour les entreprises qui voudraient embaucher des personnes handicapées, nous avons inventé le pire : la déclaration obligatoire d'emploi des personnes handicapées.

Il faut faire pour l'emploi des personnes handicapées ce qui a été fait par Jacques Chirac pour les enfants handicapés et l'école : pour tous ceux qui le peuvent, le milieu dit « ordinaire » doit être la priorité. Et cela en simplifiant les procédures administratives tant pour les salariés que pour les employeurs, en rendant obligatoire la formation des personnes handicapées au sein des établissements et services d'aide par le travail, pour favoriser les passages vers l'entreprise ordinaire lorsque c'est possible. Il faut aussi faire plus d'efforts d'adaptation des postes de travail et mettre en place, quand c'est nécessaire, l'emploi accompagné.

EL : Vous insistez beaucoup sur les efforts à faire en matière de formation et de qualification. Mais ces efforts mettront des années à porter leurs fruits. Une politique visant à baisser le coût du travail aurait des effets plus rapides.

Les économistes estiment dans leur grande majorité que le SMIC a augmenté trop vite, et que sa hausse de 1 % génère entre 5 000 et 20 000 chômeurs supplémentaires. Mais le SMIC est un tabou. Oserez-vous le remettre en cause, quitte à mettre en place d'autres compléments de revenu ?

AJ : Je suis attaché au principe du salaire minimum, principe on ne peut plus clair, et lorsque je regarde le niveau du salaire net perçu par un salarié au SMIC, à peine plus de 1 100 € net par mois à temps plein, qui pourrait décemment soutenir qu'il est trop élevé ? Le remettre en cause serait aller à rebours d'une vision de la société qui doit promouvoir et encourager le travail. Vous noterez à cet égard qu'un certain nombre de nos voisins adoptent progressivement un salaire minimum. C'est le cas en Grande-Bretagne et en Allemagne, les formes peuvent être différentes mais l'esprit est identique.

J'ai cependant bien conscience du coût pour l'employeur de ce salaire minimum dès lors que s'y ajoutent les charges et donc de son impact négatif sur l'emploi. C'est pourquoi je veux diminuer encore les charges sociales pour les bas salaires avec l'objectif d'atteindre un véritable « zéro charges » sur le SMIC, qui n'existe pas aujourd'hui. Il reste en effet 16 points de cotisations pour l'employeur au niveau du SMIC, ramenés à 11 points après l'application du crédit d'impôt pour la compétitivité et l'emploi (CICE). Je propose donc que l'embauche au SMIC représente pour l'employeur un coût équivalent au salaire brut du salarié.

La réponse à la question du coût du travail ne peut pas être le dumping social. C'est pour cela que je veux aussi changer radicalement les règles actuelles du détachement des salariés dans l'Union européenne. Il faut que les cotisations sociales des travailleurs étrangers détachés en France soient payées en France et aux taux français, pas à l'étranger aux taux étrangers. Je prendrai l'initiative pour que la Commission européenne inverse ces règles.

EL : Avec ces allégements plus particulièrement ciblés sur les bas salaires, ne craignez-vous pas de condamner toujours plus de Français au SMIC à vie, dans la mesure où les employeurs auraient tout intérêt à ne pas augmenter les salaires ?

AJ : Selon les études économiques, les allégements sur les bas salaires entrepris jusqu'en 2012 ont permis de créer ou sauvegarder jusqu'à 800 000 emplois. Face à l'urgence de la situation du chômage en France, ma priorité, je vous l'ai dit, est de débloquer le marché de l'emploi et ce de manière rapide. Les mesures que je propose y contribueront. Je présenterai d'ailleurs un cadrage général de mes engagements d'allégements et de dépenses afin de donner un peu de clarté aux Français vis-à-vis de la foire aux engagements pré-électoraux à laquelle nous pouvons parfois assister. Nous ne pouvons pas tout promettre car, à la fin, viendra le temps des additions.

EL : Les grands patrons de l'industrie, en particulier, souhaitent que l'allégement du coût du travail concerne des salaires plus élevés que le SMIC. Jusqu'où comptez-vous aller dans ce domaine ?

AJ : Le débat traditionnel consiste à opposer les allégements ciblés sur les bas salaires, qui sont une mesure pour l'emploi, aux allégements pour l'ensemble de l'échelle des salaires, qui sont une mesure pour la compétitivité. Je propose en réalité de faire les deux.

Ma conviction est que si l'on veut débloquer le marché du travail et en sentir les effets à court terme, il faut agir sur l'emploi peu qualifié pour lequel les possibilités de création d'emplois sont les plus importantes et pour lequel le coût du travail est le plus décisif. Je rappelle que le taux de chômage des personnes peu qualifiées est 2,6 fois supérieur à celui des diplômés du supérieur. Une baisse d'ampleur de notre chômage proviendra donc d'abord de la création d'emplois peu qualifiés, c'est le phénomène que l'on observe partout dans les pays qui ont réussi à revenir au plein emploi, que ce soit l'Allemagne, le Royaume-Uni ou les États-Unis. C'est pourquoi je propose ce dispositif « zéro charges » sur le SMIC accompagné d'allégements dégressifs jusqu'à 1,8 SMIC. Je compte y procéder par la refonte des allégements existants qui se sont empilés, et du CICE qui est trop compliqué, en un dispositif simple et pérenne à coût constant.

Mais je n'oublie pas la compétitivité. C'est pourquoi je souhaite aussi transférer, par étapes, le financement de la politique familiale vers l'impôt. La première étape, pour un peu plus de 10 milliards d'euros, permettra une réduction d'un gros tiers du montant actuel de ces cotisations familles. Cette mesure aura comme contrepartie, pour l'essentiel une hausse d'un point de TVA et diverses économies sur la dépense publique. Elle profitera à l'ensemble des entreprises, grandes et petites, aux artisans, aux indépendants, aux agriculteurs et concernera l'ensemble des emplois, qualifiés ou peu qualifiés.

EL : Une idée de plus en plus à la mode parmi les économistes, qu'ils soient libéraux ou plus interventionnistes (c'est assez rare pour être souligné !), est la création d'un revenu universel : un même socle mensuel pour tous, en échange de la suppression des aides sociales. Y êtes-vous favorable ?

AJ : Concernant l'idée du revenu universel, je dois bien reconnaître qu'après y avoir réfléchi, j'ai du mal à apprécier les avantages d'un tel système.

Universel ? Tout le monde le touche donc, du dirigeant du CAC 40 au travailleur le plus modeste. Comment le finance-t-on concrètement ? À quelles prestations sociales se substitue-t-il et que fait-on de ces dernières ? Comment passerait-on de la situation actuelle à ce nouveau système ? Autant de questions qui font que cette idée me paraît davantage participer du débat d'idées que d'une réforme réelle et utile.

Ceci ne doit pas nous empêcher de réfléchir plus sérieusement au devenir de la multitude de minima sociaux et de revenus de remplacement existants, auxquels tous les Français n'ont pas forcément accès du fait de leur manque de lisibilité, mais que d'autres, en revanche, cumulent. Ma volonté sera d'abord de vérifier que ces compléments de revenus, une fois additionnés, restent significativement en dessous des revenus du travail. C'est le sens de la politique d'incitation à la reprise du travail que je souhaite développer. Le travail est une valeur saine, que j'ai à cœur de valoriser. Nous devons garantir que l'on ne vit pas mieux ou de manière équivalente avec un revenu de remplacement qu'avec un revenu d'activité. C'est tout bonnement une question de justice sociale. Nous aurons l'occasion de développer cette idée lorsque nous aborderons la protection sociale.

EL : Dans les pays qui ont axé leur politique de l'emploi autour de l'équilibre « flexi-sécurité » et

qui ont les taux de chômage parmi les plus faibles, la formation professionnelle est considérablement développée. En France, on a parfois l'impression qu'il s'agit du parent pauvre.

AJ : « Parent pauvre », cela dépend comment vous l'entendez. Nous consacrons chaque année 32 milliards d'euros à la formation professionnelle ! Mais je vous rejoins, s'il s'agit de dire que cette somme n'est pas utilisée à bon escient et que les résultats sont très loin d'être à la hauteur de l'investissement consacré. Tous les employeurs et les salariés que je rencontre me le disent, et les chiffres l'attestent : 55 000 organismes de formation en France, 4 000 en Allemagne pour les résultats que l'on sait. Il y a donc un important travail de rationalisation à engager.

Je veux mettre en place un système d'évaluation systématique des formations dont bénéficient les demandeurs d'emploi et, de manière plus générale, les salariés, afin que nous disposions d'indicateurs fiables et capables de mesurer leur efficacité. Les organismes de formation devront aussi rendre public, selon une méthodologie commune, le taux d'accès à l'emploi des personnes sortant de formation et il n'y aura plus un euro d'argent public pour des formations qui n'auront pas apporté la preuve de leur efficacité. Ils devront être certifiés par des tiers indépendants.

EL : Contrat de travail, durée du travail, formation professionnelle, quelle place comptez-vous donner aux syndicats quand il faudra ouvrir tous ces chantiers ? Le dialogue social n'est plus très fructueux, et il y a un problème de représentativité : 7 % seulement des salariés sont syndiqués, mais 90 % d'entre eux sont assujettis à des conventions signées par ces mêmes syndicats !

AJ : Vous avez raison de le préciser. L'existence des syndicats est le propre des démocraties. Leur fonctionnement est-il pour autant parfaitement satisfaisant ? Je ne le pense pas et des améliorations sont évidemment possibles.

Je préconise par exemple des mesures qui permettent de donner plus d'oxygène à la vie syndicale pour que les partenaires sociaux ne perdent pas le contact avec la réalité économique. Cela passe, d'une part, par la limitation à deux mandats consécutifs pour les élus syndicaux et, d'autre part, par la limitation du temps consacré à l'exercice de leur mandat, qui ne devra pas excéder 50 % du temps de travail. En d'autres termes, je souhaite que les élus syndicaux puissent consacrer au moins 50 % de leur activité à leur métier et que cessent les pratiques de certaines entreprises ou administrations consistant à détacher des salariés à temps plein auprès d'organisations syndicales, pratiques qui finissent par stériliser le dialogue social. Redonner une véritable représentativité aux syndicats, tel est l'enjeu.

Je veux, dans le même temps, généraliser la pratique du référendum d'entreprise, mais pas dans les termes prévus par le texte de Madame El Khomri, qui en donne le monopole aux syndicats. Je propose ainsi qu'un référendum d'entreprise puisse être organisé avec l'accord du chef d'entreprise et d'au moins un syndicat représentatif. Dans le cas où les négociations préalables avec les représentants du personnel n'auraient conduit à aucun accord, le résultat de ce référendum aurait force obligatoire. Enfin, dans les entreprises, et notamment les petites entreprises, où il n'y a pas de syndicats (il en existe, c'est même la grande majorité !), il faut permettre aux représentants élus par les salariés de signer des accords collectifs plus facilement qu'aujourd'hui, faute de quoi il y a, comme c'est le cas actuellement, des « zones blanches » du dialogue social.

Pour simplifier le paysage interne aux entreprises je suis favorable à la fusion des enceintes de représentation (délégation du personnel, comité d'entreprise..) sauf accord contraire au sein de l'entreprise.

Pour autant je ne suis pas favorable au fait que l'on change le mode d'élection lors des élections professionnelles en y instaurant une liberté de candidature au premier tour. Cela serait, peut-être paradoxalement, de nature à affaiblir le dialogue social, alors qu'il faut le renforcer. Le dialogue social ne s'improvise pas, il porte sur des sujets particulièrement techniques pour lesquels il est nécessaire de disposer de partenaires sociaux compétents.

EL : Êtes-vous favorable, comme cela se pratique dans certains pays d'Europe du Nord, au fait que les syndicats ne négocient que pour leurs adhérents ?

AJ : Il existe, il est vrai, un paradoxe français : nous sommes un des pays avec le plus de syndicats et le moins de syndiqués (8 % seulement des salariés), alors même que 93 % des salariés sont assujettis à des conventions signées par les syndicats… C'est évidemment une anomalie. Faut-il pour autant rendre obligatoire l'adhésion de tout salarié à un syndicat ? Je ne le pense pas car cela ne fait pas partie de notre culture sociale. C'est aux syndicats qu'il revient de convaincre davantage d'adhérents en montrant leur valeur ajoutée. D'ailleurs, j'observe que leurs efforts entrepris depuis plusieurs années pour procurer des services à leurs adhérents portent leurs fruits. C'est une bonne chose. Il faudrait sans doute encore qu'ils soient plus attentifs à la situation des jeunes et des personnes en situation de travail précaire ou au chômage.

Je suis en tout cas convaincu que meilleure sera la qualité du dialogue social et meilleurs ses résultats sous forme d'accords, meilleurs seront les taux d'adhésion.

EL : Faut-il revoir la question du mode de financement des syndicats ?

AJ : Cette question a déjà été traitée. Depuis 2008, la transparence financière des syndicats, avec la publication de leurs comptes, est une obligation. Et le financement du paritarisme a été mis en place.

La fiscalité

EL : La France est aujourd'hui le pays de l'OCDE qui prélève le plus d'impôts après le Danemark (plus de 45 % du PIB). D'une manière générale, considérez-vous que la pression fiscale est excessive en France ?

AJ : La pression fiscale en France est devenue insupportable. Notre taux de prélèvements obligatoires a augmenté de l'équivalent de trois points de PIB depuis 2010, avec une forte aggravation, depuis 2012. Les hausses d'impôt réalisées au début du quinquennat de François Hollande se chiffrent entre 40 et 50 milliards d'euros. Cette pression fiscale n'est du reste pas étrangère à la tétanie qui s'est emparée des forces économiques françaises depuis 2012, avec un investissement au point mort, sans lequel il est vain d'espérer une baisse du chômage. Il est donc indispensable de baisser les impôts pour retrouver une dynamique économique. Mais baisser les impôts, tout le monde peut le faire en augmentant la dette. Le problème est que cela ne tient pas dans la durée. Il est donc tout aussi indispensable d'accompagner cette diminution de la pression fiscale par une politique d'économies et de maîtrise de la dépense publique, qui représente aujourd'hui 57 % de notre Produit intérieur brut (PIB).

EL : En comparant avec nos voisins européens, on s'aperçoit que le système fiscal français est assez atypique, avec un impôt sur le revenu, un impôt sur les sociétés et une TVA qui rapportent peu, et en revanche, une surtaxation du capital et du travail. Comment expliquer ces différences ? Quelles seront les priorités de votre stratégie fiscale ?

AJ : Nous cultivons aussi cette différence en matière de chômage, en matière d'activité économique et de croissance, avec les résultats désastreux que l'on voit...

Ma priorité sera de réorienter l'épargne française – qui est abondante – vers le financement de nos entreprises, de la start-up jusqu'à l'entreprise de taille intermédiaire (ETI) et de favoriser le développement des « business angels ».

Notre système fiscal, tel qu'il est conçu aujourd'hui, avec une accumulation de prélèvements sur le capital qui n'a pas d'équivalent, a l'effet inverse. Cette accumulation d'impôts a été parachevée au nom de l'idée, aussi simple en apparence que fausse en réalité, selon laquelle il faut taxer les revenus de l'investissement comme ceux du travail. Ce n'est rien d'autre qu'une formule absurde, puisque lorsque l'on y regarde de plus près, le capital a déjà été taxé au moment de sa formation par l'épargne, sa détention est taxée par l'ISF, sa cession par les plus-values et sa transmission par les droits de succession. La taxation des revenus de l'investissement est donc un impôt qui s'ajoute à tous les autres.

La réalité c'est que le capital est aujourd'hui beaucoup plus taxé que le travail. Des économistes de grand renom, comme Philippe Aghion qui a pourtant soutenu François Hollande en 2012, ont pris la plume pour le dire. Le taux global de taxation du capital dans les pays européens est calculé par Eurostat : il atteint en France 46,9 % ; c'est le taux le plus élevé d'Europe, et c'est 7,4 points de plus que le taux d'imposition du travail (39,5 %). En 2014, l'ensemble des prélèvements sur le capital représentent en France 10 % du PIB, contre 5,9 % en Allemagne. C'est ce que démontrent Michel Didier et Jean-François Ouvrard dans leur ouvrage, *L'Impôt sur le capital au XXIᵉ siècle* ».

Pourtant, le capital, c'est l'investissement, et l'investissement, c'est l'emploi !

Nous devons donc organiser la convergence progressive de notre système fiscal avec ceux des pays européens qui réussissent mieux que nous en matière de croissance, d'emploi et de financement de la protection sociale, l'Allemagne et nos voisins scandinaves notamment.

Enfin, au-delà de telle ou telle disposition, le manque de visibilité et de stabilité fiscale est une catastrophe pour les entreprises comme pour les ménages. C'est pourquoi je veux proposer aux Français un contrat fiscal sur l'ensemble de la mandature et l'inscrire dans une loi de programmation fiscale qui fixera les règles du jeu pour cinq ans. Je réserverai le monopole des mesures fiscales à la seule loi de finances, alors qu'actuellement nous assistons au saupoudrage de mesures fiscales dans des textes de loi divers et variés. Je ferai inscrire dans une loi organique l'interdiction de ce que l'on appelle la « petite rétroactivité » fiscale, qui permet de modifier jusqu'au 31 décembre les règles s'appliquant à l'année en cours. Cette rétroactivité n'a de « petite » que le nom puisqu'elle peut créer en fin d'année de grands bouleversements dans le montant de l'impôt à payer et envoie un signal calamiteux aux investisseurs, notamment étrangers.

EL : La France est également un des derniers pays à pratiquer l'impôt sur la fortune. Beaucoup de gouvernements de droite ont cherché à le contourner parce qu'ils n'osaient pas le supprimer. Franchirez-vous le pas ?

AJ : Contrairement à ce que l'on entend souvent, il existe bien un Gouvernement qui a eu le courage de le supprimer, celui de Jacques Chirac en 1986, dont j'étais Ministre du Budget... Il a ensuite été rétabli par Michel Rocard et je l'ai, c'est vrai, alourdi en 1995, après avoir découvert l'ampleur du « trou » de la Sécurité sociale. C'était une erreur, que j'ai tenté de corriger sans succès y compris au sein de ma propre majorité.

Voilà pour l'histoire. Comme je l'ai exprimé à de multiples reprises, je supprimerai l'ISF, véritable absurdité économique. Cette suppression devra intervenir dès 2018. J'ai conscience qu'il s'agit d'une réforme particulièrement impopulaire et c'est pourquoi il sera nécessaire d'expliquer aux Français qu'en trente ans d'existence, l'ISF nous a coûté très cher. Il a fait fuir année après année des milliers de détenteurs de capitaux, qui auraient pu investir leur patrimoine en France, dans des entreprises françaises en créant des emplois en France.

Il faudra en outre prévoir d'accompagner cette suppression par un dispositif qui remplace l'ISF-PME, dont l'objet est d'inciter à l'investissement dans les petites et moyennes entreprises (PME) par une réduction d'ISF. Je prévois pour cela de renforcer la réduction d'impôt sur le revenu qui existe déjà par ailleurs, qui consiste à déduire du montant de son impôt sur le revenu une partie du montant de l'investissement réalisé.

Nous nous doterons ainsi d'un dispositif ressemblant à l'*enterprise investment scheme* en vigueur au Royaume-Uni, qui soutient les investissements dans certaines PME non cotées et qui est considéré comme un puissant facteur de la réussite de Londres dans le financement des entreprises innovantes et cela en seulement quelques années. À ceux qui me diront que le dispositif est trop généreux, je rappelle qu'au Royaume-Uni la réduction d'impôt est plafonnée à 300 000 livres (contre 63 000 euros dans le dispositif que je propose), avec en plus une exonération de plus-value au bout de 3 ans de détention des titres. À ceux qui trouveront qu'il ne l'est pas assez, je réponds que tout est affaire de mesure : avec la suppression de l'ISF et ce nouveau dispositif, l'effort sera déjà considérable !

De même, le dispositif qui permettait de soutenir le financement des organismes d'intérêt général par une réduction d'ISF sera lui aussi recréé par un mécanisme équivalent au titre de l'impôt sur le revenu.

EL : Nous touchons là au sujet des niches fiscales, créées au fil des années pour compenser les effets les plus négatifs de notre système fiscal et pour éviter d'avoir à remettre à plat ce dernier. Il y en a environ 500, qui coûtent plus de 80 milliards d'euros par an. Comptez-vous affronter les « molosses » qui sommeillent dans chacune de ces niches ?

AJ : Le tri a déjà commencé. Je souhaite évaluer les dispositifs existants, notamment lorsqu'ils arrivent à échéance, afin de décider s'il convient de les abandonner, de les adapter ou de les conserver selon les résultats obtenus.

Si les niches les plus coûteuses ont survécu jusqu'à ce jour, c'est aussi parce que certaines ont montré leur efficacité – c'est le cas du crédit d'impôt recherche par exemple – ou qu'on a, en pratique, du mal à les supprimer car cela produit des mouvements de transfert de charge très importants entre contribuables. Or mon but est de baisser les impôts, pas de les augmenter, ce qui est généralement le résultat de la suppression d'une niche fiscale.

EL : Je reviens sur votre proposition visant à orienter l'épargne vers le financement des entreprises. Comment peut-on, plus concrètement, davantage flécher l'épargne vers la création de richesses plutôt que vers l'immobilier ou l'assurance-vie, qui restent encore les placements les plus avantageux ?

AJ : Il faut trouver un équilibre entre les différents emplois possibles de l'épargne des Français. Concernant l'immobilier, nous avons besoin de continuer à construire du logement en France alors que le marché du logement a été très abîmé par l'intervention publique permanente, qu'il s'agisse de la sur-réglementation des relations locataires-bailleurs, des aberrations de la loi Duflot, des normes en tous genres dans les professions du bâtiment, ou de la fiscalité. Ce secteur ne survit aujourd'hui que grâce à des interventions supplémentaires comme les avantages fiscaux dits Pinel. Il faudra conduire beaucoup de réformes structurelles avant de pouvoir s'en passer, malheureusement.

Pour le reste, une fois prises les mesures que je propose (réforme des plus-values de cessions, des dividendes, de l'ISF, etc.), l'investissement dans les entreprises devrait redevenir attractif. Ce n'est pas le cas actuellement et tient notamment au fait qu'il est insuffisamment rentable.

Je veux aussi encourager beaucoup plus fortement le développement de l'actionnariat salarié, qui est une mesure favorable au financement de l'entreprise mais, surtout, favorable à la cohésion sociale au sein de l'entreprise. Celles, y compris très grandes, qui en ont fait un axe important de leur stratégie interne obtiennent d'excellents résultats économiques et sociaux. C'est pourquoi je propose de baisser de 20 % à 16 % les prélèvements sociaux payés par l'entreprise et pour les salariés de remonter fortement le plafond d'exonération des plus-values au-delà de cinq ans de détention.

EL : Vous souhaitez, on l'a vu, favoriser le financement des entreprises. Envisagez-vous également de vous pencher sur leur fiscalité, à travers l'impôt sur les sociétés (IS) ? Faut-il changer de

dispositif ou instaurer une progressivité de cet impôt selon la taille ou les profits de l'entreprise ?

AJ : Nous avons l'impôt sur les sociétés dont le taux est le plus élevé d'Europe, qui peut atteindre 38 % quand la moyenne européenne est à 22 %. C'est un message négatif que nous envoyons à ceux qui pourraient investir et se développer en France et qui choisissent donc d'aller ailleurs.

De ce point de vue, la convergence et l'harmonisation fiscale européenne doivent être un objectif, mais il n'y a aucune chance de convaincre nos partenaires européens d'augmenter massivement leur taux d'impôt sur les sociétés pour atteindre le nôtre. Il faut donc rapprocher notre taux de la moyenne européenne.

J'ai bien conscience que l'on ne pourra pas passer d'un taux de 38 % à un taux de 22 % du jour au lendemain et qu'il nous faudra procéder par étapes. Aussi, je souhaite commencer par supprimer les cotisations additionnelles à l'IS dont la cotisation de 3 % sur les revenus distribués, abaisser le taux à 24 % pour les PME, c'est-à-dire pour toutes les entreprises jusqu'à 7,6 millions d'euros de chiffre d'affaires, et amorcer la baisse du taux normal pour les autres entreprises, qui serait dans un premier temps ramené vers 30 %.

Mon ambition est évidemment qu'à terme un seul taux proche de la moyenne européenne s'applique à l'ensemble des entreprises.

EL : Les Français ont subi un véritable coup de massue fiscal après la crise de 2008. Allégerez-vous la fiscalité des particuliers et notamment l'impôt sur le revenu ?

AJ : Je mesure l'intensité de l'effort qui a été demandé aux contribuables depuis 2010 en particulier aux classes moyennes et classes moyennes supérieures sur lesquelles l'impôt sur le revenu est concentré. Il faut aller le plus rapidement possible vers un allégement de leur fardeau.

Mais comme je me refuse à aligner des paquets de milliards de baisse d'impôts qui, le moment venu, ne seraient pas financés, je propose de commencer par des dispositions ciblées sur les familles, qui supportent aussi les charges les plus lourdes pour leurs enfants. C'est pourquoi je proposerai un relèvement important du plafonnement du quotient familial dont la diminution depuis 2012 a été extrêmement pénalisante pour les classes moyennes, et je renouerai avec les aides fiscales prévues dans le cadre du dispositif Borloo relatif à l'emploi à domicile, limitées par le gouvernement au détriment de nombreux Français et de leurs familles.

EL : C'est tout en matière de baisses d'impôts ? Ce n'est pas très audacieux !

J'ai indiqué que ma priorité immédiate allait à tout ce qui fera redémarrer l'économie et l'emploi, et comment j'entends y parvenir. C'est parce que je veux tenir mes engagements fiscaux, comme tous les autres, que je ne promets pas une baisse immédiate de l'impôt sur le revenu pour tous les contribuables. Pour accroître le pouvoir d'achat, la voie que je choisis est celle de l'emploi, qu'il s'agisse d'y ramener ceux qui en sont le plus éloignés ou de permettre à ceux qui en ont un d'être mieux rémunérés par l'augmentation de leur temps de travail.

J'ajoute que l'actuel gouvernement poursuit actuellement son projet d'instauration de la retenue à la source de l'impôt sur le revenu, qui pourrait constituer un changement majeur, notamment pour les entreprises. Il faudra évaluer l'état de cette question au printemps 2017. Je ne cache pas mon scepticisme à propos d'une réforme dont les avantages sont minces alors que l'immense majorité des contribuables sont mensualisés et que l'administration a mis en place la déclaration pré-remplie.

J'en aperçois en revanche très bien les inconvénients en termes de lourdeur pour les entreprises, et le risque pour les contribuables s'il s'agit d'une première étape du rapprochement de l'impôt sur le revenu et de la CSG, machine fiscale infernale à broyer les classes moyennes, dont rêvent les socialistes.

Enfin je ne suis pas du tout convaincu que cette mesure ne coûterait rien ni aux finances publiques ni aux entreprises. C'est le gouvernement issu des élections de 2017 qui aura à décider la mise en œuvre opérationnelle de ce chantier et à apprécier ses véritables caractéristiques. J'y suis particulièrement attentif, et j'attends de savoir comment il sera mené.

La protection sociale

EL : La trajectoire financière de nos comptes sociaux (augmentation de la dette, déficits récurrents…) n'est pas soutenable, d'autant qu'avec le vieillissement de la population et des soins de plus en plus coûteux, sa facture ne va cesser de s'alourdir. Cela signifie-t-il que ce système, hérité de 1945, est devenu trop « luxueux », que nous n'avons plus les moyens de nous le payer ?

AJ : Notre système de protection sociale est, en effet, hérité du Conseil national de la Résistance à l'issue de la Seconde Guerre mondiale. C'est un pilier du modèle français, il participe de notre identité, de notre projet collectif et de notre définition du bien commun qui est un facteur d'unité. Peut-être avons-nous juste oublié que ce modèle est originellement fondé sur l'assurance, c'est-à-dire qu'il doit être équilibré par nature. Pendant les trente premières années c'est la croissance qui a assuré cet équilibre. Depuis trente ans c'est la dette qui a en grande partie pris le relais. Ce n'est pas acceptable, il faut donc agir.

109

EL : À force de mettre l'expression « modèle social » à toutes les sauces, on ne sait plus trop de quoi on parle. Pourriez-vous à ce propos me donner votre définition de la philosophie de ce modèle social ?

AJ : Elle tient en deux mots : solidarité et responsabilité. La solidarité c'est cette assurance nationale qui joue au profit de tous les citoyens, pour les protéger contre les grands risques de l'existence : maladie, vieillesse – qui, moins qu'un risque, est davantage une certitude ! – charges familiales, accidents du travail etc. Ce système prévoit que nous ne laissons pas chaque citoyen se débrouiller seul pour affronter ces aléas. La responsabilité, c'est que cette assurance doit être financée pour perdurer dans le temps long, et non pas bénéficier à plein à certaines générations et moins à d'autres, *a fortiori* fonctionner au détriment des générations les plus récentes.

EL : Donc au final, pensez-vous que nous avons encore les moyens de conserver ce modèle ? À quelles conditions ? Beaucoup jugent inéluctable la dérive vers un modèle plus anglo-saxon, dans lequel chacun paie davantage pour soi-même…

AJ : Notre modèle social est en danger. Les dépenses sociales représentent près de 55 % du poids total de la dépense publique. Les déficits se creusent de manière considérable pour chacune des grandes branches de la sécurité sociale : 9 milliards d'euros pour le seul régime général, 12,8 milliards si l'on ajoute le déficit du fonds de solidarité vieillesse. Il est donc vital de rééquilibrer notre système.

À côté du principe de solidarité, celui de responsabilité doit retrouver sa force. Nous sommes tous responsables de notre protection sociale ! Il nous faut pour cela changer nos comportements, ne plus considérer notre système comme un guichet sur lequel on tire indéfiniment, mais comme une ressource collective qui peut s'épuiser. Cela commence par une chasse sans merci aux gaspillages, aux fraudes et aux abus, qui, représentent une part certes minoritaire mais significative des difficultés que nous rencontrons. Ces abus et fraudes sont d'autant plus choquants que l'on demande à chacun de faire des efforts.

Au-delà, des changements de longue haleine sont nécessaires. Ils sont liés au vieillissement de la population, à la progression de l'espérance de vie, ainsi qu'à la question de la durée du travail. Nous allons en parler.

Si nous voulons maintenir la philosophie initiale de notre système d'assurance sociale, il n'y a pas d'autres choix que la modernisation de son fonctionnement et la responsabilisation de tous. Il n'y a pas d'autre choix, non plus, que de travailler plus !

J'ajoute que nos institutions sociales sont un véritable mille-feuille hérité de l'histoire et, il faut bien le dire, de notre génie de la complexité : les personnes en situation de précarité ou de pauvreté sont les premières à se perdre dans les dédales de ce système dispendieux et cloisonné. Nous devons garantir un droit à la continuité des prises en charge entre les multiples services sociaux qui s'occupent des personnes en situation de fragilité ou de pauvreté. Cela permettra des interventions de meilleure qualité et beaucoup plus efficaces.

EL : Paradoxalement, la philosophie de ce système n'est-elle pas, pour beaucoup de Français, celle de la gratuité plus que celle de la solidarité ?

AJ : C'est une illusion que certains entretiennent et contre laquelle il faut lutter. Ce n'était en rien l'esprit des fondateurs. C'est la raison pour laquelle j'insiste tant sur le principe de responsabilité que tous, collectivement, nous devons nous appliquer. Notre modèle a un coût, chaque Français doit en être conscient ! C'est pourquoi je m'oppose fermement à l'entrée en vigueur du tiers payant généralisé, qui ne répond en rien à une demande sociale, puisque les Français les plus défavorisés bénéficient déjà d'une couverture à 100 % que ce soit à travers la couverture maladie universelle (CMU) ou d'autres dispositifs (pour les maladies de longue durée etc.). Voilà l'exemple typique d'une politique irresponsable qui voudrait faire croire que la santé est gratuite, à rebours de ma conception de notre modèle de protection sociale. Le plus consternant c'est que ce sont les gouvernants qui devraient être les plus conscients des enjeux qui envoient ce message. Je reviendrai sur le tiers payant, si l'on me donne mandat pour le faire.

Bien géré – ce qui signifie des réformes structurelles et pas uniquement des aménagements à la marge – notre modèle peut être performant et viable dans la durée : c'est essentiel pour les jeunes générations.

EL : À propos de bonne gestion, faut-il organiser différemment le parcours de soins ? De même, est-il nécessaire d'aller plus loin s'agissant des médicaments génériques ?

AJ : Avec l'institution du médecin traitant, la question du parcours de soins a déjà été abordée. Je souhaite aller plus loin dans cette direction avec la mise en place du dossier médical personnalisé, qui s'inscrit pleinement dans le développement de l'e-santé qui constitue, de surcroît, la réponse au « tourisme » médical, dont l'assurance maladie fait aujourd'hui les frais.

La difficulté pointée pour l'heure est celle de la sécurisation des données médicales, mais compte tenu des progrès technologiques et de notre savoir-faire en la matière, nous pourrons y arriver très prochainement, j'en suis certain ! Nous le faisons déjà très bien pour les comptes bancaires.

S'agissant du recours aux médicaments génériques, je me réjouis des progrès accomplis. En 2013, les génériques représentaient plus de 15 % du marché en valeur et plus de 30 % en quantité, soit trois fois plus qu'en 2003. Entre 2002 et 2013, les génériques ont permis des économies de plus de 8,5 Md€ pour l'assurance maladie. Nous devons continuer à encourager la consommation de génériques, et à nous rapprocher des performances de nos voisins à cet égard.

EL : La solution pour sauver notre modèle de protection n'est-elle pas, surtout, de mettre fin aux gaspillages, en particulier des médicaments, en s'attaquant aux lobbies qui ne veulent rien changer (laboratoires pharmaceutiques, médecins, pharmaciens…) ? Ou envisagez-vous d'autres pistes d'économies ?

AJ : La lutte contre le gaspillage est une partie de la solution mais une partie seulement. Il sera nécessaire de mobiliser d'autres sources d'économies pour pérenniser notre système.

La responsabilisation des Françaises et des Français, comme consommateurs de médicaments est vertueuse. Il faut la développer. En 2000, la France était le pays européen le plus consommateur de médicaments. Elle s'est rapprochée de la moyenne européenne, avec notamment une nette régression des antidépresseurs.

La modification des comportements passe par les patients mais aussi par les prescripteurs : c'est le rôle des médecins de faire clairement le partage entre les dépenses médicalement utiles et celles qui ne le sont pas.

Ce qui compte avant tout, c'est la quête de la pertinence : pertinence des choix diagnostiques et thérapeutiques, pertinence des organisations, pertinence des parcours de soins. À l'hôpital par exemple, si nous avons su initier un certain nombre d'évolutions, toutes n'ont pas encore porté leurs fruits. Je pense plus précisément à l'indispensable « virage » ambulatoire que doit prendre notre système hospitalier. Le taux de chirurgie ambulatoire à l'hôpital est de seulement 36 % en France, alors qu'il dépasse 50 % en Europe du Nord.

Je crois aussi beaucoup au rôle de l'éducation en santé, dès l'école, et à celui de la prévention, à l'école, au travail et dans la vie de tous les jours. Ce doit être une grande priorité de notre politique de santé.

L'investissement dans les nouvelles technologies et dans les innovations est aussi une source potentielle de nombreuses économies. Si les Françaises et les Français me font confiance, faire de la France un pays leader de l'e-santé sera l'un des grands chantiers du quinquennat. Nous avons tous les atouts pour réussir. Il y a là un potentiel considérable pour ne plus se contenter du curatif et fonder, enfin, notre système de santé sur la prévention. Nous pourrons aussi franchir des étapes décisives dans l'amélioration de la qualité des soins et des prises en charge et exploiter des gisements d'économies considérables.

EL : Ces innovations impliquent-elles la fermeture d'hôpitaux ? Je rappelle qu'en France, le nombre d'établissements de santé par habitant est bien plus élevé que chez nos voisins européens, plus de quarante par million d'habitants contre vingt-cinq en Allemagne par exemple.

AJ : Le développement de la médecine ambulatoire, le mouvement de réduction des durées d'hospitalisation qu'entraîne l'amélioration des techniques médicales, une meilleure organisation des parcours de soins à partir du patient et autour de la médecine de ville : tous ces facteurs vont permettre une meilleure adaptation du nombre de lits hospitaliers. L'offre hospitalière devra bien sûr évoluer, en garantissant l'accès de tous à des soins de qualité, en évitant la redondance de plateaux techniques sur un même territoire, en garantissant qu'ils sont utilisés partout dans des conditions d'excellence médicale et en s'adaptant aux besoins des patients. Ces besoins vont aller croissant, avec notamment le développement des maladies chroniques et le vieillissement de la population.

EL : Avec le vieillissement de la population, nous observerons tout de même une tendance à la hausse de nos dépenses de santé, et cela de manière structurelle. Comment comptez-vous prendre en compte cette tendance démographique lourde ?

AJ : Bien sûr, la pression à la hausse des dépenses est réelle : vous citez le vieillissement de la population, et il y a aussi de nouvelles thérapies qui sont très chères. Et ces thérapies, il faut que les Français puissent en bénéficier !

Il faut donc que nous soyons capables de compenser cette pression à la hausse par des économies, sans quoi la protection sociale finira par absorber toute notre richesse nationale, ou se délitera. La réforme que j'ai conduite en 1995 a permis d'assurer une meilleure maîtrise de l'évolution des dépenses, en particulier pour la santé en imposant la fixation d'un objectif national des dépenses de l'assurance maladie, approuvé chaque année par le Parlement.

Il faut désormais aller plus loin et se donner une discipline collective pour l'ensemble des branches de la sécurité sociale. Pour cela, il faut que le projet de loi de financement de la Sécurité sociale soit présenté au Parlement, non pas en déficit, mais en équilibre ou en excédent. Toute dépense nouvelle devra faire l'objet d'économies équivalentes ou de financements identifiés dès le départ. Bien sûr, il est possible qu'une année donnée, la mauvaise conjoncture entraîne un déficit d'exécution, du fait de moindres rentrées et/ou de prestations en hausse. C'est pourquoi il faudra créer parallèlement un fonds de régulation. En cas d'utilisation de ce fonds, la reconstitution de ses capacités devra être décidée dès la loi de financement suivante.

Sur la santé, outre les sources d'économies variées que je vous ai déjà détaillées, et qui sont très substantielles, je n'ai pas encore évoqué la question de l'aide médicale d'État (AME), qui donne lieu à des abus scandaleux. Le nombre de bénéficiaires de l'AME a ainsi été multiplié par trois et près de 800 millions d'euros y sont consacrés chaque année. Sa suppression pure et simple, proposée par certains, ne se fera pas. Quand on est en France et que l'on est victime d'un accident ou d'une urgence médicale, on ne vous demande pas votre carte de crédit ni vos papiers avant de vous soigner. C'est tout à notre honneur. Mais si vous venez d'un pays où vous pouvez parfaitement vous faire opérer, et que vous programmez l'intervention en France parce qu'elle sera gratuite, c'est une fraude d'autant moins acceptable qu'elle est devenue l'objet d'un trafic organisé. L'AME sera donc désormais réservée aux seules situations d'urgence médicale et ses règles, comme les contrôles de sa mise en œuvre, seront modifiées en conséquence.

EL : Plus précisément, pensez-vous que la seule maîtrise de la trajectoire des dépenses sociales suffira à rééquilibrer les comptes ou une hausse des recettes, c'est-à-dire des prélèvements, est-elle nécessaire ?

AJ : Nous ne pouvons plus augmenter les prélèvements de toutes sortes, ni les cotisations sociales. Nous devons gérer notre système social en maîtrisant nos dépenses, pas en augmentant les recettes !

Il y a aussi des marges en matière de gestion et de fonctionnement des caisses de Sécurité sociale. Ces structures sont le produit de l'histoire (et aussi de notre génie de la complexité !) et organisées en fonction du statut des personnes (salarié, indépendant, agriculteur, fonctionnaire...). Le millefeuille de la protection sociale n'est pas moins épais que celui de l'administration territoriale. Il faut le rationaliser pour simplifier la vie des Français et le rendre moins coûteux. Mon idée est de développer des services communs – dans l'entreprise on parlerait de « back office » – pour tous les régimes de protection sociale, qui permettront à chaque Français, s'il le souhaite, d'être géré toute sa vie par la première caisse à laquelle il a été affilié.

EL : Ni augmentation des recettes ni élargissement de la base de prélèvements, mais, vous le savez, notre protection sociale ne peut pas continuer à être exclusivement financée par le travail !

AJ : Je l'ai dit et répété, l'une des principales raisons aux déséquilibres que nous connaissons tient au fait, qu'en France, nous ne travaillons pas assez et globalement moins que nos voisins. Durée légale du travail, âge de départ à la retraite, taux d'activité des seniors encore trop bas, chômage de masse, les explications sont nombreuses. Si nous n'arrivons pas à augmenter notre quantité de travail produite, nous ne parviendrons pas à équilibrer notre système. C'est en accroissant le nombre de ceux qui travaillent et la quantité de travail qu'ils fournissent que nous accroîtrons les ressources des régimes sociaux. Lorsque je centre mon projet sur l'accès à l'emploi et l'embauche, c'est aussi pour contribuer à la pérennité de notre protection sociale. L'élargissement de l'assiette du financement est également un moyen d'y contribuer tout en allégeant le coût du travail. C'est la raison pour laquelle je prévois de baisser les cotisations famille des entreprises et de leur substituer notamment un point de TVA.

EL : Nous avons évoqué votre opposition au tiers payant généralisé et votre volonté d'encadrer

plus fermement l'aide médicale d'État, qu'en est-il de la couverture maladie universelle ?

AJ : La CMU permet aux Français défavorisés d'accéder aux soins, c'est un instrument de solidarité envers ceux qui en ont réellement besoin. C'est un bon système et je ne remettrai pas en cause son principe. Bien sûr, le corollaire est une tolérance zéro face à la fraude et à la multiplication des actes inutiles.

EL : Est-il possible de régler une fois pour toutes le problème des retraites ? Que reste-t-il à faire pour garantir la viabilité de notre système, si tant est que vous pensiez nécessaire de préserver un système de retraite par répartition ?

AJ : Quels sont les choix possibles ? Certains prônent le basculement vers un système par capitalisation. Comment passerait-on du système actuel où ceux qui ont cotisé toute leur vie durant pour financer la retraite des générations précédentes se verraient demander de se constituer en plus les bases de leur propre retraite par capitalisation ? Je suis très attentif, dans la construction de mon projet, aux questions de méthode, à la capacité de mettre en œuvre rapidement les mesures que je propose et au rapport entre l'efficacité et le coût des choix que je fais. Or, dans le cas présent, basculer notre régime par répartition vers un régime par capitalisation représente un effort gigantesque et des débats doctrinaux sans fin pour une efficacité peu démontrée. Les mécanismes de capitalisation peuvent en revanche apporter un complément utile au système de base par répartition. Cela a d'ailleurs déjà commencé, y compris dans la fonction publique. Le système du plan d'épargne retraite populaire (PERP) proposé aux salariés du secteur privé existe aussi mais il fonctionne mal parce qu'il ne permet pas la sortie de l'épargne constituée sous forme de capital.

La seule option véritable, c'est de garantir enfin aux jeunes générations et aux générations qui viennent la pérennité du régime de retraite dont bénéficient celles qui les précèdent. Contrairement à ce qu'indique la communication actuelle du gouvernement, si rien ne change, notre système de retraite ne sera pas à l'équilibre ni à court terme ni à moyen et long terme, loin s'en faut. Le conseil d'orientation des retraites prévoit un déficit d'environ 7 milliards d'euros en 2020.

Comme je l'ai rappelé, je ne souhaite ni augmenter les cotisations sociales ni réduire les pensions de retraite. Je considère en outre que la durée de cotisations, fixée à 43 ans, est suffisante. Pour agir sur l'équilibre des retraites et agir durablement sur leur financement, il faut donc décaler progressivement l'âge légal de départ à la retraite à 65 ans. Voilà le véritable levier qui permettra de dégager, près de 20 milliards d'euros d'économies, et de contribuer largement aux réductions de dépenses que je souhaite réaliser sur l'ensemble du quinquennat. Il y a 30 ans, compte tenu de l'espérance de vie moyenne de l'époque et avec un départ à la retraite à 60 ans, on pouvait espérer profiter de la retraite 11 ans lorsqu'on était un homme et 19 ans quand on était une femme. Avec l'espérance de vie actuelle, et un départ à la retraite à 65 ans, on profitera en moyenne 14 ans de sa retraite lorsqu'on est un homme et 20 ans lorsqu'on est une femme.

EL : N'est-il pas paradoxal de reculer l'âge de départ à la retraite alors que tant de seniors sont au chômage ? Le vrai sujet, c'est de les remettre au travail, sinon repousser la retraite revient à réduire les pensions !

AJ : Comme pour la question du niveau de rigidité du droit du travail et celle de l'embauche, l'apparence du bon sens et la réalité ne font pas bon ménage. La comparaison avec les pays qui nous entourent montre, en effet, que le recul de l'âge de départ à la retraite n'est pas une cause de chômage des seniors, au contraire !

En France, le taux d'emploi des plus de 55 ans est particulièrement faible (46,9 %) par rapport aux autres pays européens. Les données produites par l'OCDE montrent que les pays ayant un âge de départ en retraite plus tardif ont des taux d'emplois pour les plus de 55 ans relativement élevés. C'est le cas de la Grande-Bretagne, où l'âge de départ en retraite est fixé à 65 ans et dont le taux d'emploi pour les plus de 55 ans se situe à 61 %. C'est aussi le cas de l'Allemagne, avec un âge de départ à la retraite à 65 ans et un taux d'emploi des plus de 55 ans de 65,6 %, ou encore de la Suède, où l'âge de la retraite est également de 65 ans et le taux d'emploi des plus de 55 ans de 74 %. Il y a donc une corrélation entre âge de la retraite et taux d'emploi des seniors, mais elle n'est pas celle que l'on dit trop souvent encore en France ! Retrouver le dynamisme de notre économie et donner les moyens aux entreprises de créer de l'emploi, voilà ce qui me paraît être le réel enjeu. J'ajoute que le report de l'âge légal de départ à la retraite constituera une incitation supplémentaire à la reprise d'une activité pour les seniors.

Il est d'ailleurs tout aussi erroné de croire qu'un âge de départ en retraite plus tardif se traduirait par un taux de chômage des moins de vingt-cinq ans plus élevé. En Allemagne, au Royaume-Uni et en Suède le taux de chômage des jeunes est très inférieur au nôtre.

Certains comportements devront cependant évoluer. Du côté des travailleurs, mais aussi des entreprises, lesquelles devront en particulier mettre fin aux « arrangements » ressemblant de très près au dispositif des pré-retraites, pourtant supprimé. Nous devrons aussi encourager les entreprises à proposer des formations professionnelles à leurs salariés seniors, afin de permettre à ces derniers d'adapter leurs compétences et d'en acquérir de nouvelles, pour pouvoir travailler dans de bonnes conditions durant toute leur carrière. C'est encore trop peu le cas aujourd'hui.

Par ailleurs, je ne remettrai pas en cause le principe des départs anticipés pour carrière longue. Si l'on a commencé à travailler avant 20 ans, il est normal de pouvoir partir avant l'âge légal et il nous appartient, en l'espèce, de faire preuve d'un peu de souplesse. Cela dit, du fait du recul de l'âge moyen d'entrée dans la vie active, les cas seront de moins en moins fréquents.

EL : Comment prendre en compte la difficulté de certains métiers lorsque sonne l'heure de la retraite ? Que pensez-vous du compte pénibilité créé par François Hollande ? La France est la seule à mettre en place un tel dispositif...

AJ : La prise en compte de la pénibilité dans notre système de retraite est absolument légitime et j'y suis bien sûr favorable, mais la réforme introduite par le gouvernement est une véritable usine à gaz. Elle crée une très grande inquiétude au sein des entreprises, qui ne savent pas comment le dispositif va se mettre réellement en place, et qui y voient surtout une surcharge administrative d'une très grande lourdeur. Comme si nous avions besoin de cela ! On touche là à toute l'incohérence de la politique du gouvernement actuel, qui prétend simplifier d'un côté et rajoute trois fois plus de complications de l'autre.

Je compte annuler cette réforme. Les points acquis à la date de la suppression seront transformés en droits à la formation. Le chantier sera rouvert avec les partenaires sociaux, avec l'objectif d'aboutir à une réforme juste et équilibrée, qui mette l'accent sur la prévention des risques et la santé au travail – il existe dans certaines branches des accords de lutte contre la pénibilité qui pourraient en inspirer d'autres – et permette la prise en compte de l'usure professionnelle dans le risque invalidité, qui a l'avantage d'être déjà organisé et ouvert. Ceci suppose d'introduire un référentiel médical dans l'évaluation de l'invalidité pour qualifier une altération de l'état de santé, juger de la dégradation de santé liée au travail et fixer sa compensation. Des référentiels internationaux existent et nous pourrions les utiliser.

EL : Pourquoi n'êtes-vous pas favorable au système de retraites par points, que certains, dans les rangs de la gauche libérale et de certains syndicats, appellent de leurs vœux et que pratiquent certains pays scandinaves ?

AJ : Je comprends mal l'engouement autour de cette « formule », ni en quoi elle dispenserait de se préoccuper de l'équilibre de notre système. En cas de difficultés, le système par points conduirait automatiquement à une baisse des pensions de retraite par simple ajustement de la valeur des points acquis. Je ne crois pas que l'on puisse gérer une question aussi importante pour notre société que celle des retraites de manière clandestine, et je souhaite maintenir le niveau des pensions. Ma proposition, c'est d'une part d'augmenter la quantité de travail dans notre économie et, d'autre part, la durée de travail au long de la vie professionnelle, pas de prendre par surprise les futurs retraités en baissant les pensions au moment où elles sont liquidées, voire après.

EL : Comment assurer la convergence entre les systèmes de retraite des secteurs public et privé, compte tenu du fait que les trajectoires et les carrières y sont différentes ? Quid des régimes spéciaux ?

AJ : La réforme que je propose pour le régime général en matière de relèvement de l'âge devra bien entendu être transposée dans les régimes spéciaux.

Au-delà il faudra une évolution structurelle de ces régimes. Le premier des régimes spéciaux, et de très loin le plus important, c'est celui des trois fonctions publiques (d'État, territoriale et hospitalière). La convergence entre les régimes du secteur privé et ceux du secteur public a été engagée en 2003. Aujourd'hui, les taux de remplacement, qui comparent la retraite versée au dernier salaire reçu, des salariés du privé et du public sont proches. Ils sont de 74 % dans le privé contre 72 % dans le public. Cette situation s'explique en partie par l'impact des complémentaires Agirc-Arrco, qui n'ont pas d'équivalent dans le public. On ne peut donc pas affirmer que les fonctionnaires bénéficient de « privilèges », mais le mouvement de convergence doit être prolongé pour éviter de créer de nouvelles disparités.

L'alignement des modes de calcul entre les régimes, c'est-à-dire un passage aux 25 meilleures années avec primes, plutôt que les 6 derniers mois sans primes et un taux de liquidation de 50 % contre un taux de liquidation de 75 % dans le public, qui est souvent évoqué, n'est pas une piste efficace. D'une part, parce que ces différences sont en partie atténuées par les spécificités des rémunérations et des carrières dans la fonction publique (il n'existe pas de retraite complémentaire dans le public et la retraite n'est calculée que sur la rémunération indiciaire, sans la rémunération indemnitaire qui peut représenter jusqu'à 40 % du total), d'autre part, parce que le système d'information de la fonction publique sur les rémunérations ne permet pas sa mise en œuvre à un horizon connu.

C'est pourquoi je propose un changement radical de modèle mais avec une transition simple à gérer, qui consiste à ce que tous les nouveaux fonctionnaires recrutés à partir de 2018 soient dorénavant affiliés au régime général et aux caisses de retraite complémentaire comme tous les salariés du privé. C'est une réforme de très grande ampleur.

EL : Que faites-vous du RSI ? Sujet sensible, s'il en est, qui génère un profond mécontentement chez les artisans et petits patrons, très souvent désabusés par les dysfonctionnements du système.

AJ : J'entends la colère que suscite ce régime qui constitue, par la taille, notre deuxième régime de sécurité sociale et dont la réforme a été très mal conçue et très mal exécutée. Pour autant, fermer ce régime pour en créer un autre, ou inclure tous ses assurés indépendants – près de 3 millions de cotisants, près de 6,5 millions de ressortissants – dans le régime général, de surcroît sans leur demander leur avis, n'est pas une solution. D'autant que l'alignement total sur le régime général se traduirait par une hausse des cotisations, qui irait à rebours du mouvement que je souhaite. Comme pour les salariés dans les entreprises, mon projet prévoit au contraire d'alléger les charges des indépendants.

L'urgence c'est de mettre fin aux dysfonctionnements actuels qui persistent, qu'il s'agisse de bugs informatiques récurrents, de problèmes de gestion des prélèvements automatiques par les banques, et d'améliorer des performances qui restent trop médiocres. J'en cite quelques-uns : retards de liquidation des retraites, taux de restes à recouvrer élevés, taux de satisfaction des usagers plus faible que dans les autres régimes. Cela n'est pas acceptable.

Je veux donc fonder ce régime sur des bases complètement nouvelles et cela, dans les six mois, en simplifiant drastiquement l'assiette des cotisations, en expérimentant l'autoliquidation, en développant les téléservices et le télépaiement.

Au-delà de ces mesures indispensables je veux surtout alléger le poids des charges sociales payées par les indépendants à ce régime. C'est pourquoi j'ai prévu de baisser de deux milliards les cotisations sociales des indépendants affiliés au RSI. C'est un effort considérable destiné à soutenir à la fois leur activité et leur pouvoir d'achat.

Je veux aussi que chaque Française et que chaque Français puisse, à l'avenir, faire gérer son dossier soit par une caisse, soit par une autre, au choix de l'assuré au fur et à mesure de son parcours professionnel. Naturellement, cela ne se fera pas en un claquement de doigts, cela suppose notamment de construire le système d'information adéquat, mais c'est la voie d'avenir.

EL : Le marché du travail connaît déjà d'importantes mutations et le salariat unique est un modèle probablement en bout de course. Comment la protection sociale doit-elle évoluer pour s'adapter à cette nouvelle donne (cumul d'emplois payés à la tâche, cumul d'un emploi salarié et d'un statut d'indépendant…) ?

AJ : Ces mutations sont inscrites dans l'évolution de notre société. Il serait vain d'opposer à ces nouvelles formes de travail, ou de complément de travail, la rigidité du système actuel, qui serait par nature obsolète.

L'emploi de demain sera caractérisé par le développement de formes diverses, comprenant un assouplissement et une individualisation du salariat, une explosion de la pluriactivité, plus de travail indépendant et le développement de nouvelles formes d'emplois. Notre protection sociale doit accompagner ce mouvement, c'est-à-dire évoluer avec son temps en créant plus de souplesse partout, pour les entreprises et les salariés, en veillant à l'équilibre des droits. Ceci implique de poursuivre le mouvement d'harmonisation de l'accès à la sécurité sociale et d'améliorer la protection des indépendants contre l'inactivité subie : c'est à l'heure actuelle le principal écart entre les salariés, qui ont droit à l'indemnisation du chômage, et les indépendants qui n'adhèrent pas tous à une assurance.

Je l'ai dit, je veux aussi que chaque Français ait un dossier social unique qui rassemble l'actualité et l'historique de toutes les prestations, avec leur montant, ainsi que les droits à une formation professionnelle. Cela permettra ensuite à chacun de ne pas avoir à changer de caisse à chaque fois qu'il change d'activité, et d'organiser les parcours professionnels de manière beaucoup plus fluide et beaucoup plus simple pour les personnes. C'est bien autre chose que le « compte personnel d'activité » de l'actuel gouvernement, qui est avant tout un compte pénibilité !

Je veux enfin que chaque Français, quelle que soit son activité, puisse bénéficier d'un meilleur soutien pour l'aider dans toutes les transitions professionnelles et sa gestion de carrière. Pour les indépendants, cela signifie systématiser les propositions de formation pour les créateurs d'entreprise, accompagner les changements de statut lorsque le chiffre d'affaires augmente, conseiller les auto-entrepreneurs sur la gestion de leurs droits. Pour les salariés, comme pour les indépendants, je veux aussi leur permettre d'utiliser leurs droits à la formation pour bénéficier des prestations de conseil en gestion de carrière auprès de prestataires de leur choix.

EL : J'en viens maintenant au sujet politiquement sensible de l'indemnisation du chômage. Considérez-vous qu'il existe aujourd'hui une

catégorie de chômeurs qui profiteraient de la générosité du système mis en place ? La dégressivité des indemnisations ne risque-t-elle pas de pénaliser les populations les plus fragiles ?

AJ : Non, les chômeurs ne sont pas des fainéants et je suis très conscient de l'épreuve que représente la perte de son emploi et les difficultés auxquelles on se heurte pour retrouver du travail.

Je le dis cependant très tranquillement : des dérives existent, ne nous voilons pas la face. Elles tiennent au fait que les règles de l'assurance chômage ne sont pas suffisamment incitatives à la recherche d'emploi : une personne qui travaille une semaine sur deux peut obtenir, grâce à l'assurance chômage, le même revenu qu'une autre qui travaille en permanence dans un emploi équivalent. Dans ce cas, l'assurance chômage est détournée de l'objectif de protection qui doit être le sien et devient source d'injustice. C'est à cela qu'il faut s'attaquer et non au système en général.

L'équilibre du régime d'assurance chômage relève des partenaires sociaux. Cet équilibre n'est pas assuré et le régime ne tient que parce qu'il s'endette avec la garantie de l'État. Il faut, dès à présent, que les partenaires sociaux prennent des mesures d'économie très significatives. S'ils n'y parviennent pas, il faudra redéfinir les paramètres de l'assurance chômage, en instaurant la dégressivité des indemnisations, de façon à inciter davantage à la reprise d'activité.

Il ne s'agit pas de pénaliser ou stigmatiser qui que ce soit. Ce qui est le plus pénalisant, c'est l'absence de travail. Rester dans un système qui décourage la création d'emploi et qui conforte un taux de chômage élevé, voilà la première des inégalités et elle frappe les plus fragiles, c'est-à-dire les moins qualifiés. Mon objectif est donc de remettre notre économie en situation de créer des emplois marchands, productifs et durables afin de corriger les dérives actuelles et de rétablir de la justice.

EL : Plus que l'indemnisation du chômage, le problème n'est-il pas que la reprise d'un travail aboutit parfois à une rémunération plus faible que les revenus d'inactivité ? Comment faire en sorte que le travail « paye » ?

AJ : L'assurance chômage a deux vocations, de nature bien différente. La première est de procurer un revenu à ceux qui perdent leur emploi et qui doivent pouvoir continuer de vivre décemment, tout comme leur famille. La seconde est de conduire le demandeur d'emploi vers l'activité. Ce sont les enjeux majeurs de la formation professionnelle des demandeurs d'emploi, des relations avec Pôle Emploi, des indicateurs de résultats sur les stages de formation qui leur sont donnés et de leurs débouchés concrets.

Ensuite, le travail doit payer, c'est ma ferme conviction. C'est pour cela que je veux diminuer le coût du travail, et pas les salaires ! C'est pour cela aussi que je suis très attaché à l'égalité salariale et professionnelle entre les femmes et les hommes. Il n'est pas admissible qu'au XXIᵉ siècle nous ayons encore autant d'écarts injustifiés à travail et compétences égales. J'attends des entreprises des progrès décisifs en la matière.

Je souhaite aussi que l'on n'ait jamais intérêt à vivre de revenus de remplacement plutôt que de revenus du travail. Nous savons aujourd'hui que cela peut se produire. En particulier du fait du cumul de certaines aides sociales ou allocations qui, une fois additionnées, peuvent conduire à un niveau de vie presque équivalent à celui de quelqu'un qui travaille, ce qui est particulièrement décourageant pour celui qui fait le choix et l'effort de se lever le matin. Je veux y mettre un terme.

Dans cette perspective, il nous faut d'abord clarifier l'attribution de différentes prestations sociales qui ne sont pas bien, voire pas du tout, prises en compte les unes par les autres dans leurs modalités de calcul. C'est le cas des aides personnelles au logement et des prestations des collectivités locales dans l'appréciation des revenus lorsque l'on vérifie le droit au RSA et le calcul de son montant. Au total, notre système est opaque : on ignore qui perçoit quoi, il existe des fraudes, et cela génère de l'injustice. C'est pourquoi je veux pouvoir plafonner l'attribution du RSA, en prenant mieux en compte les ressources des personnes pour déterminer le droit à cette allocation et son montant. Mon objectif est un système plus transparent et plus juste, dans lequel il existe toujours un écart significatif entre les revenus d'activités et ceux que procure l'assistance.

EL : Lorsque l'on fait un bilan des politiques de revenus minimums qui ont été mises en œuvre, du revenu minimum d'insertion (RMI) de Michel Rocard au revenu de solidarité active (RSA) actuel, le résultat ne semble jamais concluant...

AJ : Vous avez raison et cela n'a pas éradiqué la pauvreté dans notre pays. Cela ne doit pas être une raison pour tout remettre en cause et laisser chacun se débrouiller : on ne peut pas toujours « s'en sortir » tout seul, et c'est la raison d'être de la solidarité nationale. Elle doit être fondée sur l'idée d'un appui et guidée par le principe suivant : l'objectif est pour tous, sauf empêchement lié à un état de santé, de retrouver un travail ! Par le biais des mécanismes d'incitation que nous avons évoqués, et dans le cadre d'un marché de l'emploi libéré de ses carcans, c'est essentiel.

EL : Dans ces conditions, quel est l'avenir du RSA ?

AJ : Je propose que tous les bénéficiaires du RSA aient réellement l'obligation d'accepter les propositions d'emploi ou de formation qui leur sont faites. Sauf pour des cas exceptionnels comme je viens de l'indiquer (maladie par exemple), personne ne doit être enfermé dans une filière d'accompagnement purement « social ». Le refus de s'insérer dans une démarche de retour à l'emploi sera sanctionné par un retrait de l'allocation.

L'idée qui consisterait, en revanche, à remettre au goût du jour les « ateliers nationaux » du XIXe siècle, en obligeant les bénéficiaires du RSA à réaliser quelques heures de travaux d'intérêt général me paraît, au mieux, « sympathique » dans l'esprit et, en pratique inapplicable. J'aimerais que l'on m'en explique les modalités : quel encadrement, quelle administration pour en assurer la gestion, quel budget, quel coût de fonctionnement etc. À raison de 2 millions de bénéficiaires du RSA, il faudrait avec un taux d'encadrement de 1 pour 10, recruter 200 000 fonctionnaires pour organiser ces activités ! Ma solution pour les bénéficiaires du RSA, c'est un accompagnement professionnel de qualité et beaucoup plus incitatif au retour à l'emploi, y compris via des périodes de ré-acquisition de compétences et d'expérience en entreprise.

La réforme de l'État

EL : Je voudrais maintenant évoquer la question de la réforme de l'État et de la modernisation du service public. Selon vous, je vous cite, toutes les grandes périodes de modernisation de la France ont toujours commencé par une modernisation de l'État. C'est encore plus urgent aujourd'hui.

AJ : C'est vrai, tout au long de l'histoire de France et jusqu'à aujourd'hui ; 1958 a été la dernière grande étape. La modernisation de l'État sera l'un des grands chantiers du prochain quinquennat, car il devra prendre toute sa part dans le plan d'économies structurelles de 85 à 100 milliards d'euros que j'ai l'intention de réaliser. Je rappelle, à cette occasion, que les dépenses de l'État représentent le tiers du total des dépenses publiques.

EL : Avant d'en venir plus dans le détail à ces économies, pourquoi, depuis 1974, la France accumule-t-elle les déficits publics ? Cela en totale rupture avec ses engagements européens et dans une indifférence relativement générale de la part des Français et des gouvernements successifs.

AJ : La France n'est pas la seule dans cette situation et autour de nous, la Grèce, le Portugal, l'Italie, l'Espagne et d'autres encore ont aussi laissé filer leurs déficits, parfois dans des proportions bien supérieures. Il n'en reste pas moins que depuis 1981, nos recettes et nos dépenses ont divorcé et la dette s'est accumulée, jusqu'à atteindre un niveau inconnu dans notre histoire, hors les périodes de guerre. Il y a bien eu quelques tentatives pour les réconcilier. Par exemple, entre 1986 et 1988 et entre 1995 et 1996. Elles ont d'ailleurs été récompensées l'une et l'autre par une reprise conséquente de la croissance... Il y a eu aussi une stabilisation de la dette de 2005 à 2007 sous l'impulsion de Thierry Breton. Mais au rythme des alternances nous sommes vite retombés dans notre dépendance à la dépense publique et le matraquage fiscal que les Français subissent en est la conséquence directe. Or, pour mettre un terme à la hausse des prélèvements obligatoires, la solution ne peut que passer par une action résolue de maîtrise de la dépense publique.

EL : Ce discours, on l'a souvent entendu en France ! Il n'empêche : la consolidation des finances publiques s'est faite chez nous quasiment exclusivement par des hausses d'impôts alors que nos voisins s'efforçaient d'agir sur leurs dépenses !

AJ : C'est un fait. Depuis la crise, la consolidation des finances publiques s'est faite chez nous quasiment exclusivement par des hausses d'impôts alors que nos voisins s'efforçaient d'agir sur leurs dépenses et le taux des prélèvements obligatoires avoisine 45 % du PIB dans notre pays, soit l'un des plus élevés au monde.

Avec un poids proche de 57 % du PIB, soit bien plus de la moitié de notre richesse nationale, la dépense publique doit bien être notre première marge de manœuvre. L'objectif consiste à redescendre à terme vers un taux plus proche de la moyenne européenne (autour de 50 %). À ceux qui pousseraient de hauts cris devant cette idée, je réponds que c'est le niveau qu'atteignaient nos dépenses en 1991 et je ne crois pas que la France était à l'époque ni sous-développée ni sous-administrée. À l'inverse, à ceux qui prétendent y arriver en seulement un quinquennat, je dis que tous les pays qui avaient un défi comparable, la Suède et le Canada entre autres, ont mis dix ans pour y parvenir, et ce n'est pas en modifiant leur Constitution qu'ils ont réussi ! C'est pourquoi je fixe une première étape qui devra être parcourue sur la période 2017-2022 avec un effort qui, en fonction du niveau de la croissance, représentera entre 85 et 100 milliards d'euros d'économie pour l'État, ses opérateurs, les collectivités territoriales et les administrations de sécurité sociale.

EL : Des exemples à l'étranger montrent que le lien entre croissance et dépenses publiques n'est pas forcément si évident. Certains pays ont choisi un État interventionniste, ce qui ne les empêche pas d'être dynamiques. C'est un choix de société !

AJ : On trouve toujours de bonnes raisons pour ne pas faire d'économies. En temps de crise, on dit qu'il faut soutenir l'activité. Quand elle est passée, on dit qu'il faut soutenir la reprise. Au final, on fait de la relance permanente. Pour quelle efficacité ? Je vous laisse juge… Avec 2 100 milliards d'euros de dette et 42 milliards d'euros de charge annuelle d'intérêts, prétendre qu'il ne faut pas baisser la dépense publique est une faute grave. J'ajoute que s'il suffisait d'avoir une dépense publique élevée pour stimuler l'économie, nous devrions être les champions de la croissance et de l'emploi dans le monde ! Chacun peut constater que ce n'est pas le cas.

Sauf à considérer que l'on peut s'endetter indéfiniment, ce qui n'est pas mon cas, nous ne pouvons désormais plus supporter un tel niveau de déficit public. Si nous voulons diminuer la dette publique, il faut bien diminuer les déficits et, si l'on ne veut pas augmenter le niveau des impôts – qui aujourd'hui décourage considérablement le travail et l'investissement – il est donc nécessaire de diminuer les dépenses. C'est certes un raisonnement de base, ce n'est pas pour cela qu'il est erroné.

EL : Le réel problème n'est-il pas plutôt celui du rapport coût-efficacité de la dépense publique qui ne cesse de se dégrader ? Aujourd'hui, les

Français ont un moins bon accès aux soins, sont moins bien protégés et sont moins bien éduqués qu'il y a vingt ans, alors que les prélèvements ont lourdement augmenté !

AJ : Le rapport qualité-prix de notre administration n'est pas uniformément à décrier. S'il est vrai que notre système éducatif connaît de réelles carences, s'agissant en particulier de la lutte contre la reproduction des inégalités, il existe aussi des secteurs d'excellence, dont nous devons nous réjouir. Je vous renvoie ici aux propositions de mon premier ouvrage sur l'Éducation.

Améliorer la qualité des services rendus aux Français n'en est pas moins une ambition nécessaire. La révolution numérique doit y contribuer et je préconise que nous exploitions pleinement les possibilités qu'elle offre pour notre administration. Nous pouvons offrir une meilleure qualité de service public tout en diminuant nos dépenses, et ce doit être notre objectif.

EL : Avec quelle méthode ? France Stratégie montre qu'une spécificité française est de ne jamais faire de choix en matière de dépenses : on rabote un peu partout, mais sans aucune vision globale. Est-ce que vous ferez de vrais choix, quitte à revoir le périmètre d'intervention de l'État ?

AJ : Oui, en cette matière comme dans les autres, gouverner c'est choisir selon la formule très juste de Pierre Mendès France. Le rabot et la baisse uniforme sont l'arme de ceux qui ne veulent pas choisir. Pourtant, nous avons tous les éléments en main pour faire ces choix.

Aujourd'hui les arbitrages budgétaires et le travail de réflexion sur la réforme de l'État sont déconnectés. Ils interviennent sans souci d'identification des gains d'efficience, de toute réforme de structure, de révision du périmètre d'intervention ou de véritable réflexion sur l'efficacité de la dépense publique. Cela revient à demander aux gestionnaires publics de « faire toujours autant avec moins » et ceci sans rien changer, ni dans les missions, ni dans la manière de les conduire. Il n'est pas surprenant que le découragement l'emporte chez nos fonctionnaires !

Les rapports des inspections, de la Cour des comptes, des *think thanks* ou encore de l'OCDE se sont amoncelés depuis plusieurs années. Il existe à Bercy des dizaines, voire des centaines, de rapports documentant des réformes. Il y a eu les audits Copé sous Jacques Chirac, la révision générale des politiques publiques sous Nicolas Sarkozy, la modernisation de l'action publique lancée par Jean-Marc Ayrault, puis désormais l'évaluation des politiques publiques. Sous l'actuel Gouvernement, toutes ces démarches n'ont débouché sur rien, elles ont surtout servi à gagner du temps pour ne pas avoir à décider.

Une grande partie de ces rapports n'a jamais été révélée aux citoyens car les gouvernements successifs ont eu peur de leur contenu. Je ne relancerai pas un énième cycle d'évaluation de ce type, en revanche je publierai ceux qui existent car je souhaite procéder à une opération de transparence pour que les Français comprennent les choix qui se présentent, pour que le Parlement et la presse puissent s'emparer du débat, s'approprier la connaissance accumulée, partager le diagnostic. On ne fait pas des choix de grande ampleur en catimini. Et sur cette base viendra le temps de l'action.

EL : Quelle est votre vision du rôle de l'État actionnaire ?

AJ : La politique de l'État actionnaire a montré de sérieuses limites ces dernières années : en 2007, EDF valait presque 150 milliards d'euros, aujourd'hui l'entreprise vaut 20 milliards d'euros ; Areva a annoncé 5 milliards d'euros de pertes début 2015. Et je pourrais allonger la liste des exemples. Au total, l'actif de l'État a perdu 12 % de sa valeur en 2015. Je constate que la Bourse et le CAC 40 n'ont pas exactement connu la même évolution...

Ma conviction, c'est que l'État ne sait pas être un bon actionnaire. Il est le plus souvent tenté par l'interventionnisme politique et les nominations de convenance. Dans beaucoup de secteurs, ses préoccupations politiques ou de maîtrise tarifaire ou encore ses impératifs budgétaires entrent en contradiction avec ce que devrait être le raisonnement d'un investisseur de long terme, qui déploie une vision stratégique pour ses participations, accepte le réinvestissement des bénéfices plutôt que d'engranger immédiatement les dividendes pour abonder le budget général. Il n'est donc pas fondé à conserver la plupart de ses participations actuelles et il doit s'organiser pour les céder à condition de le faire dans des conditions financières acceptables, ce qui ne se décrète pas. Le produit de ces cessions devra aller au désendettement ou à des opérations de restructuration d'autres entreprises publiques afin qu'elles puissent être cédées à leur tour. Au-delà de ce constat il peut y avoir encore place pour un État stratège au sein de certaines entreprises qui relèvent du domaine de la défense ou du nucléaire. Encore faut-il qu'il soit réellement stratège et l'exemple de ces dernières années est accablant, en particulier dans la filière électro-nucléaire pour laquelle je suis très inquiet.

EL : Année après année, les rapports de la Cour des comptes font état de gaspillages invraisemblables d'argent public, dans une indifférence quasi générale. Rien que pour faire fonctionner

son administration, hors protection sociale, la France dépense chaque année 60 milliards de plus que les pays comparables. Comment comptez-vous lutter contre ces gabegies ?

AJ : Heureusement que la Cour des comptes dénonce ces gaspillages d'argent public, qui seraient déjà très graves en période faste et qui sont insupportables alors que nos ressources sont rares. Parmi ces gaspillages, certains des plus spectaculaires sont liés aux atermoiements politiques. Je pense par exemple au projet d'aéroport de Notre-Dame des Landes qui a déjà coûté beaucoup d'argent public à la collectivité, argent qui sera perdu si le gouvernement renonce. Je peux aussi citer l'échec de grands projets informatiques comme le logiciel Louvois au ministère de la défense, qui a été une catastrophe pour les familles de militaires et a coûté au contribuable plusieurs centaines de millions d'euros en pure perte, parce qu'on n'a pas su profiter du projet pour simplifier les cadres de gestion. Il en est de même de l'interlocuteur social unique dans le cadre du RSI.

EL : Que préconisez-vous pour les effectifs de la fonction publique de l'État alors que plus de la moitié de la dépense publique est absorbée par la masse salariale des fonctionnaires ? Sont-ils trop nombreux, faut-il réduire leur nombre ?

AJ : La masse salariale représente le premier poste de dépense de l'État : 120 Md€ dont 40 Md€ de cotisations employeur pour les pensions de retraite des fonctionnaires. Cette masse salariale avait été stabilisée depuis plusieurs années au prix de lourds efforts, sur le nombre de fonctionnaires et leur rémunération. Le gouvernement est malheureusement en train de casser tous ces efforts en renouant avec la création nette d'emplois publics pour la première fois depuis 10 ans, et en multipliant les mesures salariales qui n'auront d'impact qu'à partir de 2017 et des années suivantes. À l'approche de l'élection présidentielle, on multiplie les promesses qui agiront comme autant de bombes à retardement pour le prochain mandat.

Les mesures qu'il faudra prendre pour maîtriser la masse salariale des trois fonctions publiques seront d'autant plus difficiles, j'en ai conscience. Il faudra bien sûr maîtriser les rémunérations qui, je le rappelle, progressent spontanément même en l'absence de revalorisation du point d'indice, du fait de l'ancienneté. Il sera bien évidemment nécessaire de baisser à nouveau le nombre d'emplois publics. Une baisse de 200 000 à 250 000 postes sur cinq ans dans les deux fonctions publiques nationales doit être mise en œuvre, à condition de ne pas procéder de manière uniforme et d'accepter en même temps de revoir l'organisation des services et la nature des missions qu'ils accomplissent, de déployer les outils de travail numériques partout où ils permettent des gains de productivité et d'efficacité.

Avec ces différentes mesures, j'attends de l'ordre de 12 Md€ d'économies sur la durée du quinquennat pour l'ensemble de la sphère publique.

EL : Comment faire la pédagogie de cette réforme sans que, immédiatement, l'on soit accusé de vouloir réduire le nombre de professeurs dans les classes, de policiers dans les rues et d'infirmiers dans les hôpitaux ?

AJ : Les Français connaissent et apprécient les fonctionnaires qui sont à leur contact et dont ils comprennent qu'ils travaillent pour eux. Mais il existe de très nombreuses situations, où des diminutions d'effectifs sont possibles sans dégrader le service et d'autres où des redéploiements d'effectifs sont possibles en améliorant la qualité du service rendu.

Un exemple très frappant. Le ministère de l'Éducation nationale compte 1 million de fonctionnaires, c'est le premier employeur public. Sur ce million, 220 000 sont des agents administratifs, alors que l'Allemagne n'en compte que 87 000 et le Royaume-Uni 100 000. L'administration de l'Éducation nationale est extrêmement lourde et centralisée. Son organisation rend le système parfois kafkaïen pour les enseignants, n'apporte rien aux citoyens, il est donc peu efficace. Avec des établissements disposant de plus d'autonomie, de souplesses de gestion et de plus de libertés en matière pédagogique, nous pourrons consacrer davantage de moyens à la prise en charge des élèves en difficulté et de ceux qui décrochent, ainsi qu'à la rémunération de nos enseignants par exemple. Et nous pourrons certainement faire des économies tout en améliorant l'accompagnement des élèves ! C'est ce que je propose.

Je tiens un raisonnement similaire s'agissant de notre police. Aujourd'hui, les policiers consacrent près de 60 % de leur temps aux tâches administratives, au détriment, évidemment, de leur présence sur la voie publique et du travail d'enquête. Aussi, je propose de recruter des personnels « civils » pour effectuer ces tâches (rédaction de procès-verbaux, standard téléphonique etc.). Ces derniers seront moins coûteux pour la collectivité que les policiers en service actif, qui ont un statut et des conditions de travail particuliers.

Dans le même esprit, des améliorations et des externalisations sont aussi possibles, y compris dans un domaine régalien comme la justice. Pour les procédures civiles notamment, qui concernent beaucoup de Français, les délais moyens sont de 11 mois devant les Tribunaux de grande instance (TGI) et 13 mois devant les cours d'appel. De l'avis des juges, en ayant recours à la déjudiciarisation de toute une série de procédures, le fonctionnement de nos juridictions s'en trouverait considérablement allégé.

Enfin, nous l'avons déjà évoqué, la révolution numérique doit être le moteur de cette rationalisation de notre service public. C'est par exemple le cas pour l'administration fiscale, où la télédéclaration, le télépaiement et la lecture optique des formulaires doivent être développés. Ils facilitent d'autant le traitement des dossiers et permettront de mobiliser à court terme de moins en moins d'agents à cette fin.

EL : Comment faire adhérer les fonctionnaires à ce projet de modernisation de l'administration ? Plus généralement, le statut de la fonction publique a-t-il encore un sens aujourd'hui ?

AJ : Pourquoi y a-t-il un statut de la fonction publique ? Sa première justification, c'est de mettre à l'abri les fonctionnaires de l'arbitraire ou de différentes formes de pression y compris politiques, lorsqu'ils exercent leurs missions en particulier dans le champ régalien. C'est légitime par exemple pour les magistrats, les militaires, les policiers, les professeurs, les agents de l'administration fiscale et j'en passe. Autant il est indispensable de demander aujourd'hui des efforts substantiels aux fonctionnaires – augmentation de la durée du temps de travail, décalage de l'âge légal de départ en retraite, rétablissement de deux jours de carence, etc. – autant il faut reconnaître les spécificités du public quand elles se justifient.

EL : La réalité, c'est aussi qu'il existe dans la fonction publique de nombreuses poches de « sous-emploi », pour dire les choses diplomatiquement, notamment dans certaines collectivités locales. Mais c'est un sujet politiquement très sensible...

AJ : La véritable difficulté, c'est que le statut est aujourd'hui pour l'essentiel synonyme d'emploi garanti à vie, alors que les garanties du statut vont de pair avec nombre de devoirs qui ont été perdus de vue. Par exemple, le statut confère aux employeurs publics des prérogatives considérables en matière d'organisation du service, d'affectation des agents, de modification de leurs missions. Le statut prévoit aussi la possibilité de licencier un fonctionnaire. Si je prévois le maintien du statut, c'est à la condition de réaffirmer et de mettre en œuvre les très fortes contreparties qui vont avec.

L'une d'entre elles est l'exigence d'adaptation des services publics aux besoins qu'ils servent. Cela implique que le dialogue social dans la fonction publique ne soit pas un obstacle au changement et à la modernisation des administrations. Les syndicats sont légitimes pour promouvoir les intérêts collectifs des agents publics, ils n'ont pas en revanche à cogérer les administrations avec leurs directions. Je veux que se développe dans les différents ministères une véritable culture de négociation entre le ministre et les organisations syndicales et qui porte sur les enjeux collectifs des agents et les missions qu'ils accomplissent plutôt que de perpétuer les habitudes de cogestion de certains ministères. Cela passe aussi par davantage d'autonomie des ministres dans leur rôle managérial, assortie des capacités juridiques et financières nécessaires.

Enfin, il est déjà possible de recruter des agents publics soumis à des contrats de droit privé. C'est le cas dans un certain nombre d'établissements publics, où le contrat de droit commun est le CDI. C'est une piste que nous pouvons développer encore davantage dans les missions non régaliennes.

EL : Au-delà du statut, n'est-il pas temps de proposer un nouveau projet aux fonctionnaires, qui seraient les premiers à réclamer des missions plus attrayantes ?

AJ : Une fonction publique moderne implique en effet des agents engagés et motivés. L'une des ambitions de la réforme de l'administration que je propose est aussi de donner aux fonctionnaires un meilleur cadre professionnel en améliorant leurs conditions de travail et en valorisant leurs compétences, afin qu'ils soient tous davantage considérés, et ce à leur juste mérite. Je souhaite par exemple conforter les niveaux de décision locaux de l'État. Il est insupportable qu'un dossier instruit dans une direction régionale de l'État remonte à Paris pour décision. C'est déresponsabilisant et démotivant pour les fonctionnaires concernés. La meilleure manière d'y parvenir sera de réduire fortement les effectifs des administrations centrales qui ont des services extérieurs. Elles cesseront de produire des normes et de refaire le travail des échelons locaux.

J'en reviens à l'exemple des enseignants, dont je veux revaloriser le statut social et matériel, en leur demandant de participer, pour ceux qui le souhaitent, à la commission exécutive de l'établissement que je préconise, et de passer plus de temps dans l'enceinte scolaire. Pas uniquement pour y donner cours, mais aussi pour être davantage au contact des élèves et des parents d'élèves selon des formats nouveaux, privilégiant l'échange.

EL : Cette approche n'implique-t-elle pas un changement radical en matière de gestion des ressources humaines qui, aujourd'hui, ne prend absolument pas en compte le mérite dans la fonction publique ?

AJ : Vous avez raison. Des systèmes de primes permettent parfois de le faire, mais ils relèvent par trop d'une logique forfaitaire. Il m'apparaît, à cet égard, nécessaire de simplifier le régime de rémunération des fonctionnaires, qui s'est complexifié au-delà du raisonnable au fil des ans et d'accorder plus d'importance à la part variable de leur rémunération.

EL : Venons-en aux relations entre les services publics et l'entreprise. Les entreprises veulent plus d'écoute et moins de tracasseries administratives. Dans leurs rapports à l'administration, elles ont pourtant plus souvent l'impression d'avoir affaire à un adversaire qu'à un allié. Est-ce normal ?

AJ : Nous avons au sein de l'administration française une culture de la suspicion, alors que nous devrions développer une culture du conseil. C'est ce que je veux changer. Cela concerne l'administration fiscale bien entendu, mais aussi l'inspection du travail et d'autres administrations qui exercent des contrôles, ou encore, à l'extérieur de l'État, l'URSSAF.

Pour l'administration fiscale, par exemple, je veux étendre et pérenniser la « relation de confiance », qui est une expérimentation originale d'audit fiscal *a priori* des entreprises plutôt que de contrôle *a posteriori*. Dans le même esprit, je souhaite introduire une garantie de « rescrit-contrôle » pour que les positions prises dans un contrôle fiscal soient à l'avenir opposables à l'administration. Pour lutter contre les délais de réponse trop longs de l'administration fiscale, je propose une mesure simple : l'absence de réponse à une demande de rescrit dans un délai de deux mois vaudra réponse positive.

En matière sociale, des formules permettant aux entreprises d'avoir recours à des organismes privés certifiés par l'inspection du travail pour auditer leurs pratiques seront mises en place. Les entreprises auditées pourront se prévaloir de ces audits vis-à-vis de l'inspection du travail, concernant notamment le respect des prescriptions techniques en matière de protection de la santé et de la sécurité au travail. L'inspection du travail publiera de véritables normes déontologiques, qui devront constituer des règles professionnelles opposables. Les URSSAF devront opérer une distinction claire entre ce qui relève de la fraude, et qui doit être rigoureusement sanctionné, de ce qui relève de l'erreur (un droit à l'erreur sera instauré). Les droits de l'entrepreneur lors des contrôles seront par ailleurs renforcés.

Plus globalement, ce changement de culture implique un changement de gouvernance à la tête de l'administration concernée, qui doit être conduit par le ministre qui en a la tutelle. Or, nous le constatons aujourd'hui, les administrations ne sont pas gérées comme elles le devraient par leur « patron » politique : c'est-à-dire le ministre. Je souhaite, pour ma part, un gouvernement avec des ministres « patrons » de leur administration, qui puissent aussi compter sur une stabilité ministérielle. De ce point de vue, la « valse » ministérielle à laquelle nous assistons sous l'actuel quinquennat est extrêmement préjudiciable à la bonne gouvernance de notre pays. *A fortiori* lorsque ces mêmes ministres partagent l'essentiel de leur temps entre les réponses aux questions au gouvernement devant le Parlement – dans les conditions que l'on sait – la tournée des plateaux des chaînes d'information en continu et les allers et retours dans leurs circonscriptions d'origine. J'imposerai donc aux ministres nommés de reprendre en main leur administration, en traitant directement et de manière bilatérale avec leurs directeurs d'administration, sans qu'il soit nécessaire de doubler ceux-ci d'un conseiller au sein du cabinet du ministre.

EL : Quelle est votre définition du « bon » ministre ? Le profil de ministre-expert doit-il primer ?

AJ : Pas forcément. Un bon ministre doit être, tout d'abord, un ministre qui travaille le fond. Ce qui implique de ne pas partager son temps ainsi que je viens de le rappeler. Ce doit être un ministre qui travaille avec son administration et qui se comporte pleinement comme son « patron » : cette relation est primordiale, comme nous l'avons vu. Ce doit également être un ministre doté d'une expérience politique, suffisamment connaisseur du monde parlementaire et de ses ressorts pour savoir de quelle manière préparer un texte de loi et mener une discussion parlementaire. Ce doit être quelqu'un capable de bien comprendre les Français et de bien se faire comprendre d'eux.

Enfin, ce doit être quelqu'un qui travaille dans la durée. C'est pourquoi je m'engage à nommer dix à douze ministres qui auront vocation à rester à leur poste tout au long du quinquennat, et dix à quinze secrétaires d'État dont certains seront chargés d'une mission définie et pour un temps limité.

EL : Pourquoi la France produit-elle plus de règles et de normes que n'importe quel autre pays ? Cela dans une logique à l'opposé de la simplification administrative appelée de vos vœux.

AJ : Nous aimons la loi, les règlements, les textes, les normes. Cela ne date pas d'hier. J'ai redécouvert lors d'une de mes lectures récentes une circulaire de Clemenceau, ministre de la Guerre, de décembre 1917, qui enjoignait à ses services de mettre fin aux lourdeurs de toutes natures qu'il avait constatées. Cela continue aujourd'hui. Lors de l'une de mes conversations avec l'actuel président de la Commission européenne, Jean-Claude Juncker, ce dernier m'expliquait que lorsqu'un État membre transpose une directive européenne au niveau national, il en envoie le texte à Bruxelles. Citant l'exemple d'une directive récente, il m'indiquait que le texte français transmis faisait vingt-cinq pages là où, pour la même directive, le texte polonais n'en faisait qu'une…

Cela doit donc cesser. Je veux pour commencer, instaurer dans notre administration une règle fort simple : l'interdiction d'alourdir une norme européenne par des normes françaises plus exigeantes ! C'est d'ailleurs l'une des principales revendications de nos agriculteurs que je partage totalement.

Cette particularité tient aussi au fait que nous légiférons trop ! Le Parlement passe trop de temps à voter des règles nouvelles, et trop peu à évaluer les règles existantes. Les articles 34 et 37 de notre Constitution qui distinguent ce qui relève du domaine de la loi et du règlement ne sont absolument plus respectés. Si l'on faisait appel, sur ce point, au Conseil constitutionnel, on constaterait qu'une bonne partie des textes retomberaient dans le domaine réglementaire. Je propose donc de déclasser du domaine législatif au domaine réglementaire toute une série de normes qui n'ont rien à faire dans la loi et qu'il sera alors possible de faire évoluer ou de supprimer plus rapidement.

Au passage il faut aussi faire évoluer la mentalité de la société tout entière. Nous sommes collectivement demandeurs de protections toujours accrues et de normes. Il faut que notre culture politique change sur deux points. D'abord, l'idée qu'un ministre, pour marquer l'histoire, doit attacher son nom à une loi. Ensuite, l'idée qu'une loi ou une réglementation nouvelle constitue la réponse obligatoire à tout événement malheureux, aussi exceptionnel soit-il. C'est aux politiques de changer, mais aussi aux corps intermédiaires et aux médias de ne pas alimenter ces travers.

Un moyen d'y parvenir serait de s'inspirer de l'initiative du Président Obama en implantant dans nos principaux ministères des « task forces » digitales, plateformes citoyennes qui feraient remonter les propositions de ceux qui vivent la complexité réglementaire au quotidien.

EL : Comment faire pour que l'État devienne un meilleur payeur ? N'est-ce pas à lui de donner l'exemple ?

AJ : Un quart des défaillances d'entreprises est du à des retards de paiement. Même si les entreprises ne sont pas toutes entre elles d'excellents payeurs, beaucoup a déjà été fait entre la loi de modernisation de l'économie de 2008 qui a posé le principe d'un délai de paiement de droit commun de 30 jours et au maximum de 60 jours, et celle sur la consommation de 2014 qui a mis en place un nouveau cadre de sanctions administratives.

Ma conviction est que l'effort doit désormais porter sur les délais de paiement de la sphère publique. L'État a réalisé d'importants progrès, par rapport à la situation d'il y a quelques années.

Quant aux acteurs publics locaux, ils seraient responsables de près de 40 % des dettes fournisseurs des PME ! Le problème, c'est que les PME ne sont pas en position d'exiger un paiement dans les temps face à de tels acteurs, et encore moins de demander le paiement des intérêts de retard qui leur sont dus.

Ma proposition consiste donc à confier à un organisme tel que BpiFrance ou la Caisse des dépôts la mission de régler le fournisseur d'un marché public, en cas de retard de paiement de son client public. À charge pour cet organisme de se retourner ensuite vers la collectivité ou le service en question pour recouvrer la créance. Les donneurs d'ordre publics seront tenus d'adhérer à ce système et l'organisme sera rémunéré par les intérêts de retard facturés au mauvais payeur. C'est un simple système d'affacturage inversé qui aura un effet très bénéfique sur la trésorerie des TPE et PME.

EL : Parlons de la réforme territoriale de François Hollande. Vous ne voulez pas revenir dessus alors que vous la trouvez mauvaise. C'est un peu désespérant !

AJ : Cette réforme a été extrêmement mal préparée et nous nous retrouvons aujourd'hui avec une carte des régions très déséquilibrée. Pour autant, je ne pense pas qu'il faille rouvrir une querelle institutionnelle et à nouveau dessiner des cartes administratives à Paris. Les régions comme les administrations déconcentrées sont en train de réorganiser leurs services sur cette base. Après avoir passé cinq ans de 2010 à 2015 en réforme perpétuelle, on créerait beaucoup de gâchis et de confusion en revenant en arrière. Nous ne pouvons pas passer notre temps à faire et défaire la carte territoriale.

Tous les élus locaux demandent de la stabilité et de la visibilité. Je leur proposerai donc un contrat d'engagement réciproque sur cinq ans. L'État s'engagera pour sa part à ne pas transférer des charges supplémentaires aux collectivités sans les compenser de manière durable et intégrale ; il s'engagera aussi à alléger les normes et contraintes multiples qui pèsent sur les gestionnaires locaux et à donner aux collectivités territoriales des outils de gestion, notamment en matière de fonction publique ; les collectivités territoriales s'engageront pour leur part à mutualiser leurs services et à accélérer le mouvement des regroupements de communes de façon à simplifier la carte territoriale.

Mon projet est aussi d'aller le plus loin possible dans la souplesse juridique donnée aux collectivités pour qu'elles puissent décider elles-mêmes de la meilleure organisation adaptée à chaque territoire. Il faut aussi leur ouvrir un large droit à l'expérimentation. Si deux départements souhaitent fusionner, comme viennent de l'engager Pierre Bedier et Patrick Devedjian pour les Yvelines et les Hauts-de-Seine, pourquoi pas ? Si une Région souhaite déléguer des compétences à un département, là aussi, pourquoi pas ? Je fais le choix que ce mouvement s'accomplisse de façon volontaire, adaptée aux territoires, à leur histoire, à leurs spécificités. C'est une autre illustration du principe de confiance qui doit nous guider. D'ailleurs ce mouvement est déjà enclenché, il doit juste s'accélérer ! Il sera temps de faire le bilan dans quelques années, et de déterminer si la question de la suppression d'un ou de plusieurs échelons se pose toujours.

Cette méthode illustre aussi l'idée que faire diminuer la dépense publique dans la richesse nationale, impose de ne plus agir à périmètre et organisation constants. C'est à cette condition que les effectifs de la fonction publique locale pourront être réduits. Je ne crois pas à la méthode qui consisterait à modifier la Constitution, pour les y contraindre, ce qui au mieux prendra du temps et au pire ne se fera pas. Je crois que nous pouvons obtenir ce même résultat en révisant les conditions d'attribution des dotations de l'État aux collectivités locales, de telle sorte qu'elles encouragent la bonne gestion plutôt que la dépense.

EL : Quelle est votre position sur la clause générale de compétence ?

AJ : Après une série d'atermoiements, la clause générale de compétence a fini par être supprimée par la majorité actuelle pour les régions et les départements. Elle ne concerne donc aujourd'hui plus que les communes ou par délégation les intercommunalités.

S'il est normal que la Région soit la tête de file en matière économique, nous avons cependant l'exemple de nombreux départements qui remettent en cause cette suppression et n'acceptent pas de ne plus avoir de compétences en la matière. De même, il nous faut tenir compte des métropoles qui, elles aussi, participent à la définition d'une stratégie d'accueil des entreprises et de développement économique de leur territoire. Je crois donc que nous aurons à prévoir des possibilités de délégations pour une meilleure harmonie de l'ensemble. Une fois encore, sachons faire preuve de souplesse et sortons nous de la tête qu'il existerait un modèle unique, applicable à tous de manière uniforme sur tout le territoire.

La compétitivité

EL : Notre environnement économique subit de très profonds bouleversements (mondialisation, montée en puissance des pays émergents, évolutions géopolitiques, contraintes environnementales, révolution numérique). La France semble avoir beaucoup de mal à s'adapter à ce nouveau

monde. Quelles sont les forces et les faiblesses de notre pays ?

AJ : Je nuancerai. Nous avons par exemple davantage d'entreprises françaises classées parmi les trois cents premières entreprises mondiales que n'en ont l'Allemagne ou le Royaume-Uni. Nos champions du Cac 40 se débrouillent très bien sur la scène internationale. Nous sommes parmi les quelques pays qui comptent en Europe pour la création de start-ups et les succès récents des Criteo, Blablacar, Sigfox ou Parrot montrent que nous sommes capables de faire émerger de nouveaux champions de l'innovation numérique ou technologique.

Entre les deux le bât blesse ! Je pense notamment aux entreprises de taille intermédiaire (ETI), beaucoup moins nombreuses en France qu'en Allemagne, mais dont le rôle est pourtant essentiel. Les causes en sont bien connues et nous les avons déjà longuement évoquées ensemble : poids des charges, de la fiscalité, rigidité du marché de l'emploi et du code du travail, etc. C'est en pensant à ces entreprises et à leur compétitivité que j'ai conçu mes propositions sur ces sujets.

C'est aussi pourquoi je suis optimiste : aux plans technique et scientifique, la France est au niveau ! Notre formation mathématique bénéficie d'une excellente réputation, nos ingénieurs sont d'une très grande qualité et parmi les plus appréciés à l'international. Les Américains d'ailleurs sont en train de prendre conscience des atouts de la France. Rappelez-vous les mots récents de John Chambers, patron de Cisco Systems : « *France is the next big thing* ». Encore faut-il que nous fassions les efforts nécessaires. Le terreau existe, à nous de libérer les énergies qui y sont concentrées pour que nous puissions reprendre une place parmi les toutes premières dans la compétition mondiale.

EL : À la nuance près que nous ne nous situons plus dans une économie de modernisation ou de perfectionnement, dans laquelle nous avons excellé pendant les trente glorieuses, mais bien dans une économie d'innovation, qui demande agilité et réactivité. Deux qualités que la France n'a plus...

AJ : La France dispose de grands atouts en matière de recherche et d'inventivité. Nous sommes en revanche faibles lorsqu'il s'agit de transférer des technologies vers les entreprises, en particulier vers les PME et ETI. C'est le constat que nous formulions déjà dans le cadre de la commission du Grand emprunt avec Michel Rocard : la différence entre recherche et innovation, c'est que, d'un côté, on investit pour avoir des idées, et de l'autre, on se sert des idées pour en tirer un bénéfice. En France, nous sommes doués pour la première étape, moins pour la seconde.

Savez-vous, par exemple, qu'à l'été 1984, ont été déposés les deux premiers brevets décrivant la technique de fabrication additive sur laquelle repose aujourd'hui l'impression 3D ? Quasi simultanément en effet, le Français Jean-Claude André, chercheur à l'École nationale supérieure des industries chimiques de Nancy qui travaillait avec la Compagnie générale de l'électricité (future Alcatel), et l'universitaire américain Charles Hull, ont inventé le procédé dit de stéréolithographie. Alors que le brevet français est resté inexploité, Charles Hull a fondé en 1986 l'entreprise 3DSystems, désormais l'un des leaders mondiaux de l'impression 3D (une ETI américaine qui réalise aujourd'hui 654 M€ de chiffre d'affaires) sur un marché en pleine croissance. C'est donc l'articulation entre recherche et transfert technologique qu'il nous faut améliorer.

Du côté de nos jeunes entreprises et start-up, nous savons très bien faire émerger de très beaux projets, très innovants, qui trouvent pour financer leurs débuts une série de fonds ou d'aides publiques à l'amorçage. Mais nous savons encore mal financer l'accélération de leur développement, avec des levées de fonds qui dépassent la dizaine de millions d'euros. C'est aujourd'hui notre principale défaillance dans la course mondiale aux licornes, ces entreprises très jeunes et innovantes valorisées plus d'un milliard d'euros.

EL : **La fécondité de la recherche et de l'innovation sera la clé de la réussite des entreprises. Or les entreprises françaises investissent moins dans la R&D que leurs concurrentes étrangères. Comment muscler cet effort ? Le crédit impôt recherche est-il encore le bon outil ?**

AJ : La recherche et l'innovation constituent le premier moteur de croissance à long terme. Avec des dépenses intérieures de R&D représentant 2,25 % du PIB, la France se situe au-dessous de la moyenne de l'OCDE (2,4 %). Sur la R&D publique, la France se situe dans la moyenne de l'OCDE (0,8 % du PIB), et le programme d'investissements d'avenir (PIA) constitue un levier d'intervention utile et efficace me semble-t-il. Je suis favorable à ce que l'initiative soit poursuivie par un PIA3, comme cela a été annoncé. Attention cependant, le programme d'investissement d'avenir ne doit pas devenir un moyen détourné de financer des dépenses courantes. Il n'a de valeur ajoutée qu'en restant fidèle à son esprit originel.

C'est sur les dépenses de R&D des entreprises que la France est nettement en retrait : elles ne représentent que 1,4 % du PIB, contre 1,6 % en moyenne dans l'OCDE et 1,9 % aux États-Unis ou en Allemagne. Nous avons heureusement le crédit d'impôt recherche qui constitue un instrument majeur de soutien à la R&D et agit comme un très puissant outil d'attractivité dans la compétition mondiale pour l'implantation des centres de R&D. Il faut le sanctuariser et en stabiliser les règles de fonctionnement.

Pour faire mieux, nous devons accroître la collaboration entre universités ou organismes de recherche et entreprises. Il y a encore d'importantes voies de progrès même si les choses se sont améliorées. Nous devons notamment amplifier le recours aux bourses CIFRE, qui permettent à de jeunes doctorants de faire leur thèse en entreprise, et réexaminer les dispositifs de soutien à la recherche partenariale lorsqu'ils ne fonctionnent pas. Le financement de la recherche par appel à projet doit également être utilisé comme levier pour progresser dans ce sens. Je fais partie de ceux qui pensent que l'on doit renforcer la recherche sur projet, car c'est un instrument puissant de rapprochement des chercheurs et des entreprises. Or ces crédits ont été réduits de près de 40 % entre 2010 et 2014 ! Il y a aujourd'hui un tel taux d'échec aux appels à projets de l'Agence Nationale de la Recherche (90 % d'échec) que cela décourage les chercheurs d'y participer. Enfin, la lourdeur des procédures et des dossiers est une vraie difficulté pour les équipes, qui devraient pouvoir se consacrer à leur recherche. D'éminents chercheurs ont récemment réclamé une « ANR bien dotée » avec un taux de succès de 20 %. Cela me paraît être un objectif crédible.

EL : Quel doit être le rôle de la puissance publique dans ce nouvel environnement économique ? Ce n'est par exemple pas l'État américain qui a inventé Facebook, Google, Amazon, Apple ou Tesla… Les notions d'État stratège, voire planificateur, et de politique industrielle ne sont-elles pas dépassées ?

AJ : Je suis convaincu qu'une grande économie comme la nôtre ne peut se passer d'industrie : l'industrie est encore le secteur où la recherche et l'innovation sont les plus dynamiques, les gains de productivité les plus forts, et celui sur lequel reposent les échanges commerciaux. Une économie sans industrie est une économie qui innove moins, qui exporte moins, qui se replie sur les secteurs protégés de la concurrence étrangère, s'éloigne de la frontière technologique et *in fine* s'appauvrit.

Or l'industrie ne représente plus que 13 % du PIB français, cette part a été divisée par deux en trente ans. Une partie du phénomène s'explique par le recours accru à l'externalisation, mais le déclin industriel français est bien réel. À titre de comparaison, l'industrie représente 25,5 % du PIB en Allemagne, 18,3 % en Italie et 14,6 % au Royaume-Uni. Notre balance commerciale est en déficit sur les produits manufacturés, alors que beaucoup de pays européens sont en excédent (Irlande, Pays-Bas, Allemagne, Belgique, Italie).

Pour autant, on ne construit pas l'industrie de demain avec les solutions d'hier, et on ne se projette pas dans l'avenir avec des idées du passé. Une conception de la politique industrielle qui serait encore imprégnée de la nostalgie des Trente Glorieuses serait vouée à l'échec. La croissance est désormais tirée par l'innovation, et l'innovation doit, aujourd'hui, venir du « terrain », c'est-à-dire des créateurs, des start-up, en lien avec la sphère académique, mais aussi des grandes entreprises, qui doivent pour ce faire y consacrer davantage de moyens et peut-être faire évoluer leur culture interne, parfois marquée par le syndrome « pas inventé ici » qui conduit à regarder avec suspicion ou au moins scepticisme l'innovation qui dérange.

Nous disposons aujourd'hui en France de toute « l'excellence scientifique » nécessaire. Disposer, aussi, de l'excellence en matière de développement et de transfert de technologie, voilà notre objectif pour demain !

EL : Quelle doit être alors la place de l'État pour permettre cette éclosion ?

AJ : Je ne crois pas à une planification centralisée des filières d'avenir, qui n'est plus adaptée à la vitesse à laquelle évolue notre monde, où l'innovation peut surgir de manière inattendue, en dehors de toute programmation.

Le rôle de l'État, c'est de financer la recherche en amont et de garantir les conditions favorables à la croissance et au développement de nos entreprises pour leur permettre de mieux exprimer leurs talents et de libérer leurs énergies créatrices en supprimant les verrous qui bloquent notre économie. Nous les avons déjà identifiés ensemble, ils sont, pour l'essentiel, de nature réglementaire, sociale et fiscale.

EL : Pensez-vous que le principe de précaution soit un obstacle à l'innovation en France ? Faut-il le supprimer ?

AJ : Le problème ne réside pas tant dans le principe de précaution lui-même, dont la formulation dans la charte de l'environnement est en réalité assez équilibrée, mais dans ce qu'on lui fait dire. Il est invoqué à tort et à travers, généralement pour justifier des mesures complètement hors de proportion, prises sous le coup de l'émotion. Un exemple : la recherche sur les OGM – je ne parle bien ici que de recherche ! – a été totalement interrompue en France y compris pour des applications non destinées à la consommation humaine. Rien dans le principe de précaution n'exigeait une décision si draconienne !

Certains réclament donc la suppression de ce principe de la Constitution. Une abrogation pure et simple offrirait l'avantage de la simplicité et du symbole, mais n'emporterait en pratique que des conséquences limitées si le Gouvernement et le Parlement continuent de prendre des décisions et de voter des textes sans évaluation préalable, sans débat serein, sous l'influence de quelques lobbies ou activistes. D'autres ont proposé l'introduction d'un principe d'innovation responsable. C'est une idée intéressante, qui reflète bien la philosophie de ce que devrait être le principe de précaution. Mais là encore, la portée de cette mesure serait surtout symbolique, et comme vous le savez, je ne considère pas qu'il y ait urgence à modifier encore la Constitution.

Ce qu'il faut changer, c'est notre pratique de la décision, c'est notre réaction collective face aux risques nouveaux que génère le progrès de la science. Cela passe par l'éducation, l'explication, le débat, l'analyse des coûts et des bénéfices, la décision raisonnée. Cela peut se faire sans toucher au principe de précaution. Celui-ci restera de toute façon toujours un principe du droit européen, s'imposant par conséquent au droit français.

EL : Comment tirer parti au mieux de l'économie de la connaissance ?

AJ : Tout d'abord, n'en ayons pas peur ! Contrairement à un certain discours ambiant, il faut considérer cette économie de la connaissance, ou de l'immatériel, comme une chance et non comme une menace (sur nos libertés, sur nos données personnelles, sur l'emploi etc.). Regardons plutôt tous les progrès que celle-ci sera en mesure de nous apporter, par exemple dans le domaine de la santé (e-santé, télémédecine), tout en prenant les précautions nécessaires pour que cette technologie soit, effectivement, au service de la personne humaine et pas l'inverse.

S'agissant des gisements d'emploi, de nombreuses opportunités s'offrent également à nous. Toutefois, des interrogations demeurent, car nous ne pouvons, pour l'heure, être certains du rythme auquel les créations d'emplois viendront compenser les disparitions qui pourront être générées par ce processus. Ce mouvement est cependant irréversible et vouloir s'y opposer serait vain. Pour autant, l'État et les pouvoirs publics ne doivent pas être absents et il leur appartient de veiller à ce que les conditions de concurrence entre les entreprises « traditionnelles » et les applications nouvelles soient les plus loyales possible.

EL : Nos entreprises moyennes et intermédiaires ont un outil de travail plus vétuste que leurs concurrentes étrangères, avec des machines presque deux fois plus âgées qu'en Italie ou en Allemagne. Elles possèdent aussi moins de robots. Comment

mieux les aider dans la modernisation de leur outil de production et la transition digitale ?

AJ : Un grand nombre de nos entreprises sont déjà de plain-pied dans cette évolution que vous décrivez et se transforment à une vitesse spectaculaire. Elles savent que si elles ne prenaient pas ce train en marche, elles seraient à terme balayées par la concurrence.

C'est bien sûr d'abord en améliorant le contexte de développement et l'environnement économique de ces entreprises que nous pouvons véritablement les aider à investir dans leur transformation. Pour cela, il faut qu'elles dégagent de la marge, que l'investissement soit rentable, et c'est l'objectif des mesures que je propose.

L'autre grande difficulté pour conduire cette transformation, c'est de trouver les collaborateurs suffisamment bien formés et familiers des nouvelles technologies du numérique et des sciences informatiques. L'État doit agir en adaptant notre système éducatif, en introduisant, très certainement, dès le plus jeune âge des notions de codage informatique dans les programmes et, assurément, dans le supérieur, en développant fortement des formations d'informaticiens, de mathématiciens, de spécialistes des données. C'est un enjeu capital, et il faut mettre fin à la situation où nous sommes capables de créer des emplois grâce au développement du numérique mais incapables de les pourvoir ! C'est ça le rôle de l'État.

EL : La révolution numérique sera l'un des thèmes importants développé par l'ensemble des candidats aux Primaires ou à l'élection présidentielle. Elle suscite beaucoup de crainte chez les Français. Quelle est votre analyse ?

AJ : Les Français mesurent déjà l'impact du numérique sur leur vie quotidienne. C'est l'exemple du e-commerce qui, en quelque temps, a révolutionné nos pratiques de consommation pour, aujourd'hui, parfaitement entrer dans nos mœurs. D'autres évolutions sont déjà en cours, entre autres l'e-éducation qui connaît un développement rapide, l'e-santé, les objets connectés, etc. Tout ne va pas disparaître de l'ancien monde (on le voit avec la persistance du livre papier face au livre numérique), mais celui-ci va être de plus en plus irrigué par des technologies nouvelles.

L'évolution des métiers est difficile à prévoir. On se dirige probablement vers une différenciation entre les tâches routinières et les autres, indépendamment de leur contenu intellectuel. Les tâches de diagnostic sont de plus en plus numérisables. Parallèlement, les métiers dits manuels peuvent se trouver revalorisés. Les paysagistes, coiffeurs et plombiers sont mieux protégés contre la numérisation que les analystes juridiques ou financiers.

Certaines grandes tendances sont déjà visibles dans quelques secteurs. La culture, la photographie, l'industrie musicale sont d'ores et déjà numérisées, avec des pertes sensibles d'emplois. Il est urgent de réfléchir à l'avenir de l'automobile (la Googlecar, le prototype de véhicule autonome circule), des industries de santé, ou de la médecine.

Le numérique porte aussi en germe des modifications plus profondes.

Il peut changer la nature de l'entreprise en tant que lieu de socialisation, voire de mutualisation des risques entre entrepreneurs, actionnaires et salariés. Prenons l'exemple de l'imprimante 3D qui peut conduire à l'éparpillement géographique de l'activité de production, ou encore celui des activités financières qui ne seront plus nécessairement exercées dans un périmètre restreint et dense.

Il faut réfléchir aux conséquences de ces évolutions sur les Métropoles et les Régions, et aux possibilités qu'elles offrent en matière d'aménagement du territoire, dans les zones rurales ou insulaires.

Le numérique peut aussi changer la nature du travail puisqu'il autorise un arbitrage nouveau entre liberté et sécurité. Le travail indépendant procure l'autonomie que les jeunes apprécient. Mais il comporte aussi le risque de nouvelles dépendances et de contournements des lois sociales.

Enfin, le numérique transforme la société elle-même dans nombre de ses fondements et de ses mécanismes. La monnaie, les paiements, les relations personnelles et sociales, sont autant d'exemples de bouleversements introduits pas les nouveaux modes de connexion. Les dilemmes qui en résultent dans la protection de la vie privée, la sécurité des mineurs, les nouvelles formes de criminalité, les possibilités d'évasion fiscale ne doivent pas masquer les progrès immenses dans le bien-être, la santé, la liberté individuelle, l'information et l'éducation.

EL : Et dans ces conditions, comment les responsables politiques peuvent-ils agir ?

AJ : Toutes les propositions que je fais en matière de fiscalité et d'allégement des contraintes de toute nature contribueront au développement du numérique. Mais il faut aussi le soutenir en tant que tel.

Il s'agit d'abord des infrastructures numériques et de la connexion générale au haut débit qui doit être accélérée, en commençant par les territoires les plus isolés.

Il y a ensuite la question du développement de la culture numérique qui doit devenir une priorité, et ce dès le début du parcours scolaire.

Il y a la question du droit du travail et de la protection sociale dans une économie numérique. Il s'agit de la montée du travail indépendant, et, pour les salariés, de celle des horaires, de la durée et du lieu de travail. La tentation est grande de définir immédiatement des cadres et des statuts nouveaux. Il y a des propositions en ce sens, mais même animées des meilleures intentions, elles risquent de figer prématurément le droit alors que la technologie continue d'évoluer à grande vitesse.

C'est pourquoi je préfère laisser une large place à la négociation et à l'expérimentation, ce qui n'interdit pas quelques idées directrices.

Les nouvelles formes de production et de services sont fondées sur le partage, c'est-à-dire sur l'utilisation conjointe d'un capital ou d'une infrastructure. Ces nouvelles formes d'organisation nécessiteront sans doute de nouveaux cadres juridiques.

La protection sociale, quant à elle, sera davantage attachée à la personne et moins à la nature de l'activité. Il s'agit de savoir comment couvrir les risques pour des activités moins mesurables et des revenus plus discontinus. Il sera donc nécessaire d'adapter nos politiques pour consolider la protection contre les accidents de la vie, à commencer par la maladie.

Enfin, dans une société où la technologie peut pousser à l'individualisme, la qualité des services publics jouera un rôle accru dans la redistribution, l'égalité des chances et la cohésion nationale.

EL : Votre discours sur le développement de l'économie collaborative conduit à repenser les

équilibres et les arbitrages actuels en termes de liberté et de protection données aux acteurs économiques. Quelle pourrait être la juste mesure ?

AJ : Surtout ne bridons pas la liberté de créer ! Il nous faut non seulement, la garantir mais, surtout, l'encourager davantage. La liberté cependant ne s'entend pas sans un autre principe, celui de loyauté. C'est le rôle de l'État que d'établir des conditions de concurrence loyales entre les entreprises de « l'économie ancienne » et de l'économie nouvelle.

Ce sont les exemples bien connus des métiers de l'hôtellerie, du transport, de l'artisanat, voire de la restauration, confrontés à cette nouvelle forme de concurrence. Il ne s'agit pas de freiner ces nouvelles activités par un carcan de normes excessif (normes sanitaires, inspection du travail, taxes diverses), ce qui a malheureusement été la logique de la loi Pinel, en imposant aux auto-entrepreneurs toutes sortes d'obligations de formation qui ne visent qu'à créer des entraves dans le système. Il s'agit de trouver, en bonne intelligence, des méthodes pour garantir un minimum d'équité, en priorité par l'allégement des contraintes qui pèsent sur les formes traditionnelles d'activité. Il faut aussi, bien sûr, assurer une convergence de la fiscalité. Un exemple réussi de cette convergence, c'est la taxe de séjour dont s'acquittera désormais AirBnB, et qui constituait l'une des principales revendications des hôteliers.

Voilà quel doit être le champ d'intervention de l'État et son degré d'action.

EL : Après l'économie de la connaissance, j'en viens à l'économie verte. Tous les secteurs vont devoir s'adapter à la lutte contre le réchauffement climatique. Ne sommes-nous pas trop optimistes quant au potentiel de développement de ce secteur et quel modèle proposez-vous ?

AJ : Nous ne pouvons pas être optimistes lorsqu'il s'agit du réchauffement climatique ! Quand bien même nous nous félicitons du succès de la Conférence de Paris sur le climat (COP 21), nous en sommes au stade des déclarations d'intentions et nous ne pouvons pas encore ni mesurer leur effectivité réelle ni être certains que la limite de réchauffement fixée à 1,5 °C sera respectée. Si nous ne luttons pas contre ce phénomène, les conséquences seront désastreuses, et nous les connaissons : montée des eaux, disparition d'États entiers, déplacements massifs de population, conflits pour l'accès aux ressources, pics de pollution atmosphérique jamais atteints... Nous n'avons donc pas d'autres choix que de réagir.

À nous de trouver un modèle de croissance, qui se caractérisera par sa sobriété et par une transformation des modes de production et de consommation. La France se doit d'exploiter au mieux ces potentialités qui bénéficieront à l'ensemble de notre tissu entrepreneurial et lui permettront de gagner de nouvelles parts de marché dans des secteurs divers d'avenir comme les transports décarbonés, les énergies renouvelables (solaire en particulier), l'efficacité énergétique et thermique dans le bâtiment, l'agriculture durable, etc.

EL : L'économie française ne pourra être dynamique sans une forte présence de nos entreprises à l'international. Cette présence aujourd'hui est trop faible : seules 120 000 entreprises sur plus de 3 millions exportent. Comment la renforcer ?

AJ : L'indicateur de cette faiblesse, c'est le niveau de notre déficit commercial, qui reflète notre déficit de compétitivité (il a atteint quarante-cinq milliards d'euros en 2015). Rappelons que, dans le même temps, l'Allemagne et l'Union européenne sont en excédent commercial… Si les industries de l'aéronautique et du luxe se portent encore bien, la France a effectivement perdu du terrain sur d'autres secteurs stratégiques, en particulier l'agroalimentaire. Ce n'est pas une fatalité et l'exemple des Pays-Bas (deuxième exportateur agricole au monde), doit vivement nous inciter à réorganiser et moderniser notre modèle agricole.

Notre appareil exportateur est concentré sur un très petit nombre d'entreprises (les 1 000 premiers exportateurs réalisent 70 % des échanges). Nous consacrons des moyens publics importants au soutien à l'export (six cents millions d'euros de financements publics et de nombreuses structures d'intervention), mais cette politique ne peut pas tout : la compétitivité de nos entreprises reste déterminante. Je ne reviens pas ici sur les mesures que je propose pour l'améliorer, nous les avons suffisamment détaillées.

Pour aider nos entreprises à s'internationaliser, il faut adopter une approche offensive de la mondialisation. Nous ne manquons pas d'outils, nous en avons beaucoup. Nous manquons d'une démarche organisée. Mon idée c'est plus de stratégie et moins d'outils. Pour la stratégie nous avons besoin d'un conseil de l'internationalisation de l'économie, composé de chefs d'entreprise ayant réussi à l'international. Ils auront la responsabilité de définir la démarche d'ensemble de la maison France et d'apporter appui et conseils à d'autres chefs d'entreprise, en particulier de PME, qui veulent aller à l'international. L'autre évolution, c'est de simplifier les dispositifs existants et d'empêcher qu'ils soient en concurrence. Nous devons fixer une carte claire avec des pays « de conquête » (pays en forte croissance, en Amérique latine, en Asie et en Afrique) où Business France doit être présent, et des pays matures (Europe, États-Unis, Japon, etc.) où le relais doit être donné à d'autres structures avec l'exigence d'une amélioration du service rendu.

Par ailleurs, si le concept de « diplomatie économique » n'est ni nouveau, ni révolutionnaire, les récentes initiatives prises en ce sens sont à saluer. Nos ambassadeurs ont un rôle à jouer pour promouvoir les intérêts économiques de la France et apporter une aide aux entreprises qui souhaitent s'implanter sur place. Ils l'ont bien intégré et nous devons amplifier ce mouvement au service de nos entreprises à l'international.

EL : Les travaux de l'OCDE montrent que, globalement, l'économie française protège trop de rentes et se prive ainsi de nombreux emplois. Comptez-vous aller plus loin que la loi Macron dans l'ouverture à la concurrence de notre économie (barrières à l'entrée, régimes d'autorisation, numerus clausus) ?

AJ : Le temps considérable passé à débattre de la loi Macron ne me paraît pas proportionné à ses effets. Son principal apport est le développement du transport en autocar, ce qui est utile en particulier pour les étudiants et les retraités, mais assez loin de résoudre les difficultés de la croissance française.

Les querelles sur les rentes que vous évoquez et qui scléroseraient notre économie ne sont d'ailleurs pas toutes fondées. Je pense, en ce cas précis, aux notaires, particulièrement malmenés ces derniers temps. Pour ma part, je considère que les notaires offrent une garantie de sécurité juridique pour les transactions immobilières et le droit de propriété, avec très peu de contentieux et très peu d'actes invalidés. C'est loin d'être le cas partout dans le monde. On aurait eu intérêt à mesurer l'avantage économique procuré à notre territoire par cette sécurité. Les notaires sont d'ailleurs prêts à une série d'évolutions (ouverture aux jeunes de la profession, modulation des honoraires, etc), mais, comme à l'accoutumée, le Gouvernement actuel a privilégié une méthode à l'emporte-pièce.

Dans un autre registre, l'exemple des artisans-taxis souligne aussi les difficultés que l'on peut rencontrer en levant les barrières à l'entrée, sans préparation. Si vouloir s'opposer à « l'ubérisation » à l'œuvre reviendrait à vouloir empêcher le jour de succéder à la nuit, il nous faut aussi prendre en compte que les artisans taxis ont généralement déboursé entre deux cent mille et trois cent mille euros pour exercer leur profession.

EL : Faut-il racheter ces rentes, comme le proposent certains économistes, et comme l'envisage le gouvernement pour les licences des taxis ?

AJ : C'est une mesure séduisante dans son principe car elle règle le problème sans faire de perdants en apparence, sauf le contribuable… Cela s'est déjà pratiqué pour les avoués pour un coût de

300 millions d'euros et le gouvernement a annoncé un dispositif de ce type pour les licences des taxis, mais nous n'avons évidemment pas les moyens de nous engager systématiquement dans cette voie dans tous les domaines, sauf à demander à l'ensemble des contribuables un effort insupportable.

Faut-il à l'inverse protéger les rentes et empêcher l'émergence de modèles économiques qui leur font concurrence ? Certainement pas. L'histoire le démontre, la liberté d'entreprendre est créatrice de richesse. Si l'on garde l'exemple des taxis et des VTC, on observe que le secteur des VTC représente plus de 10 000 emplois créés. 25 % des chauffeurs étaient au chômage avant de rejoindre cette profession, dont 43 % depuis plus d'un an, 45 % résident dans des communes où le taux de chômage dépasse 15 %. On estime le potentiel d'emplois du secteur du transport de personnes à près de 70 000 emplois en France, il ne s'agit pas de s'en priver.

Dans ce cadre, la véritable solution consiste à travailler à l'égalisation des conditions de concurrence entre les acteurs établis et les nouveaux entrants. C'est le sens des mesures d'allégement de charges que je propose pour les indépendants. C'est aussi le sens des mesures d'allégement normatif que je prône. Ainsi, les taxis subissent toutes sortes de règles désavantageuses : règles de repos beaucoup plus exigeantes que pour les VTC, interdiction du partage d'une licence, obligations de formation. Il faut travailler à l'amélioration de la situation des taxis, pas à la dégradation de celle des VTC.

L'Europe

EL : À propos du traité transatlantique et d'une manière plus générale, comment trouvez-vous que l'Union européenne aborde les grandes négociations internationales ? On a parfois l'impression que l'Europe ne sait pas suffisamment se protéger par rapport à ses concurrents (Chine, États-Unis...).

AJ : Les États-Unis savent parfaitement défendre à la fois le libéralisme des échanges et leurs intérêts nationaux quitte à recourir à une forme efficace de protectionnisme chaque fois qu'ils l'estiment nécessaire. L'Europe doit apprendre à faire preuve du même réalisme et sortir d'une posture parfois trop naïve.

Dans le cas du traité transatlantique, l'opacité des négociations suscite une méfiance, voire une hostilité de la part des opinions publiques. Il faut donc refaire la clarté sur ce processus et faire preuve de volonté politique. Comme pour des négociations antérieures c'est aux États membres par la voix des ministres compétents de donner mandat aux commissaires européens pour encadrer la négociation qui peut ensuite s'opérer en position de force puisque l'Europe est la première puissance commerciale mondiale. Le format de négociations concernant notre industrie culturelle – que nous avons réussi à préserver – est, de ce point de vue, l'exemple à suivre.

Sur le principe, nous avons tout à gagner à réduire les droits de douane et à favoriser une convergence réglementaire avec les États-Unis, notamment en vue d'éviter les redondances dans des secteurs comme l'automobile, les technologies de l'information et de la communication (TIC), les produits pharmaceutiques, cosmétiques, chimiques, les textiles, les équipements médicaux, etc., et d'obtenir une meilleure ouverture du marché américain aux services européens. Mais cela ne doit pas se faire sans une réciprocité véritable en matière d'ouverture. Mieux vaut ne pas avoir d'accord du tout plutôt qu'un mauvais accord. Par ailleurs, il y a des lignes rouges. En matière agricole ou culturelle notamment, les approches divergent par trop des deux côtés de l'Atlantique pour qu'une harmonisation réglementaire soit envisageable. Ainsi nous ne pouvons en aucun cas sacrifier la qualité de l'alimentation. De même en matière de transfert des données personnelles la Commission a été d'une grande faiblesse et la Cour de justice de l'Union européenne l'a d'ailleurs sanctionnée pour ce motif.

Enfin, la question du système de règlement des conflits entre investisseurs et États est à revoir. Même si des améliorations ont été apportées, il serait inconcevable et dangereux de confier à une autorité totalement indépendante des pouvoirs publics le soin de régler des conflits entre des États et des entreprises. À cet égard, une procédure d'arbitrage intégrant les États doit donc être prévue.

EL : L'Europe n'est-elle pas davantage le problème que la solution ? La technicité et la complexité des mécanismes européens semblent avoir éloigné les chefs de gouvernement de la prise de décision pour l'abandonner aux fonctionnaires de la Commission européenne.

AJ : S'agissant de l'Europe le premier problème est celui de l'influence française au sein de l'Union européenne : elle est en décrépitude ! Aujourd'hui, la voix de la France est faible et nous sommes en retrait sur de nombreux sujets qui nous concernent au premier chef. Faute d'intérêt pour l'Union européenne et d'une politique de « ressources humaines » concertée, nous avons laissé disparaître les représentants français de nombreux services stratégiques de la Commission européenne. D'autres pays, pourtant réputés moins europhiles, ont en revanche bien saisi cet enjeu et avancent leurs « pions » depuis plusieurs années. Cessons de considérer que lorsque l'on affecte un fonctionnaire français à Bruxelles, on l'envoie au purgatoire. C'est un raisonnement diamétralement contraire aux intérêts de notre pays ! Il en va de même concernant la présence française au Parlement européen. Sur les soixante-quatorze députés chargés de nous représenter, vingt-quatre sont inscrits au Front national et ne prennent la parole que pour déverser des torrents d'injures contre l'Europe ou pour voter de manière absurde. C'est l'exemple récent du vote des députés européens frontistes contre le PNR (Passenger Name Record), projet qui, je le rappelle, vise au partage d'un registre européen des passagers aériens entre les différents services de renseignement. Alors qu'en France, le Front national ne cesse de faire entendre ses rodomontades sur la thématique sécuritaire, en Europe leurs députés se sont opposés jusqu'au bout avec une partie de la Gauche pour faire échouer ce projet, qui heureusement a fini par être adopté. Ces comportements ont une conséquence directe, la mise à l'écart des parlementaires français du processus de décision et une perte d'influence et de crédibilité vis-à-vis de nos partenaires privilégiés, voilà notre véritable échec européen ! C'est à nous d'inverser cette tendance : réformer en profondeur notre pays et tenir nos engagements européens sont les premières conditions pour retrouver notre crédibilité. C'est aussi ce que souhaite l'Allemagne, notre premier partenaire européen, dont tous les responsables politiques espèrent un retour rapide de la France au premier plan afin d'assurer, avec nous, un co-leadership au niveau européen. C'est mon ambition.

EL : Quand on regarde le bilan de la construction européenne, on ne peut pourtant être que consterné : chaque fois qu'il y a un problème, de la crise de l'euro à celle des migrants c'est toujours trop peu et trop tard. Que nous a vraiment apporté l'Europe depuis vingt ans ?

AJ : Commençons par nous souvenir que l'Europe nous a apporté la paix ! J'ai conscience que cet argument, souvent invoqué, commence à « prendre de l'âge » et ne trouve plus le même écho parmi les jeunes générations. Je crois pourtant indispensable de faire cet effort de pédagogie. D'autant que dans le contexte que nous connaissons, force est de constater que la paix entre les Nations est une notion précaire. La guerre a eu lieu en ex-Yougoslavie entre 1991 et 2001, elle a aujourd'hui lieu en Ukraine, elle a aussi lieu de manière très violente à quelques encablures des frontières extérieures de l'Union européenne, et nous en voyons les conséquences directes avec l'arrivée de vagues de migrants sur notre continent, en quête de la paix et de la stabilité dont ils sont chez eux privés…

Face aux crises économiques récentes, l'Europe a bien réagi et nous a assuré un haut niveau de protection. Rien ne garantit que la France, seule, aurait été capable de mettre à l'abri nos concitoyens d'un effondrement de leur économie et d'une dévaluation immédiate de leur monnaie. L'Union bancaire et le Mécanisme européen de stabilité sont, de ce point de vue, des acquis importants de ces expériences douloureuses.

Nous avons mis plusieurs décennies à construire le marché unique, et il constitue un de nos meilleurs atouts pour retrouver le chemin de la croissance, pour peser dans la compétition mondiale face aux États-Unis ou aux pays émergents, et permettre à nos entreprises innovantes d'accéder à un marché domestique large avant de se déployer à l'international.

EL : Sur le papier, cela semble être des atouts. Le résultat, c'est que nos voisins européens sont de moins en moins nos partenaires et de plus en plus nos adversaires économiques...

AJ : Je ne le pense pas. Nous avons réussi ensemble l'Euro, qui est une expérience sans équivalent dans l'histoire, et qu'il faut préserver. L'Euro nous permet de voyager et de faire des affaires en Europe avec la même monnaie dans un grand nombre de pays, ce qui est un progrès considérable. On s'est beaucoup plaint de l'Euro fort par le passé, nous avons l'Euro faible aujourd'hui et nous n'avons pas vu notre situation s'améliorer considérablement, ce qui montre me semble-t-il que la source de nos difficultés est autre.

Imaginer ou essayer de faire croire que c'est en nous séparant les uns des autres et en allant désunis à la « bataille » commerciale pour conquérir de nouvelles parts de marché dans un monde de mastodontes, la Chine, l'Inde, le Brésil, est, au choix, une illusion ou une escroquerie. Nous avons, collectivement, rassemblés au sein de l'Union européenne, une capacité de négociation que nous n'aurions évidemment pas seuls.

Il y a bien sûr une question : l'envie et la volonté des États membres d'aller plus avant dans l'intégration européenne. L'union économique et monétaire doit continuer demain à être le cœur du projet européen et des politiques économiques que nous menons. Je suis aussi favorable à de nouvelles réalisations. C'est pourquoi, je mènerai une campagne résolument pro-européenne. Mais j'ai conscience que ce n'est pas en débattant de l'harmonisation fiscale ou sociale dans la zone Euro que nous redonnerons envie d'Europe aux Français et aux Européens. L'enjeu est tout autre. Il est politique. La question est de savoir si, oui ou non, l'Union européenne doit être un « objet politique identifié » sur la scène internationale et si, oui ou non, l'Europe a l'ambition de jouer un rôle déterminant et de prendre position de manière claire dans le cadre des grands débats et enjeux que nous affrontons. Si l'Europe se décide à assumer cette vocation politique, cela signifie par exemple qu'elle devra se donner les moyens d'organiser sa Défense, qui en est l'ultime étape, alors que c'est aujourd'hui le seul grand espace intégré, aussi peu concerné par la question de sa sécurité. Ses dirigeants actuels pensent-ils que le monde qui nous entoure n'est ni dangereux ni hostile ?

EL : Mais on nage dans l'hypocrisie ! La réalité c'est qu'aucun pays ne veut abandonner davantage de souveraineté pour aller vers davantage d'intégration, et qu'il ne s'agit plus de servir l'Europe, mais de s'en servir...

AJ : La question qui est posée aux responsables européens d'aujourd'hui, à Bruxelles et dans les États membres, c'est celle de l'identité euro-péenne et de ses contours. Certains la nient et postulent que nous ne sommes pas plus proches de nos voisins européens que d'autres pays d'Asie ou du Moyen-Orient et ils veulent donc détruire l'Europe. Je soutiens que cette identité existe et qu'il y a une culture, une civilisation, une His-toire européenne, une conception de la personne humaine propre à l'Europe. Nous avons exprimé cette identité sous la forme de l'État de droit, de la démocratie, de l'idée de ce que doit être l'égalité entre les hommes et les femmes. Regardons autour de nous, ces idées ne sont pas si couramment répandues à travers le monde et je pense qu'elles valent à la fois d'être défendues et d'être le cœur d'un projet politique. Nous devons faire renaître un « désir » d'Europe. Cela passe notamment par notre jeunesse, qui fera l'Europe que nous voulons pour demain. Dans cette perspective, je souhaite notamment étendre les programmes de type Erasmus, qui sont une réussite, mais qui doivent s'adresser à davantage de jeunes afin de leur donner le goût de l'Europe, de leur permettre de connaître leurs voisins et de partager un bien commun européen et des valeurs. En dépit du manque de popularité criant dont souffre l'Europe, je pense que, contrairement aux apparences, une partie des opinions publiques est prête à de telles évolutions. Les peuples veulent des résultats et ils ont raison, mais ils comprennent le monde tel qu'il est : lorsque l'on interroge les Français et les Européens, une large partie concède que c'est au niveau européen et non national que peuvent se résoudre les grandes crises que nous traversons en ce moment. Parmi les défis qui nous attendent, l'une des questions fondamentales est de savoir si nous serons en capacité de rétablir des équilibres économiques, sociaux et humains entre le Nord et le Sud de la Méditerranée. Qui mieux que l'Europe pour réaliser cet effort d'investissement et encourager le développement des pays africains ?

La méthode

EL : J'en viens maintenant à la méthode. Dans votre programme, vous proposez beaucoup d'efforts à la plupart des Français, mais faites preuve

d'une grande parcimonie sur les « paillettes ». Pourquoi vos propositions ne sont-elles pas plus alléchantes ou ne détonnent-elles pas davantage par rapport à l'offre politique actuelle ?

AJ : Pour une raison simple. J'ai réfléchi à la politique que je veux conduire en pensant à son utilité pour la France et non aux « paillettes ». Je n'ignore pas que certains jettent leurs propositions en pâture aux électeurs, sans se soucier de savoir si elles seront utiles, ou même applicables.

Ma vision de cette campagne est qu'elle ne doit être ni un spectacle ni un concours Lépine de la proposition la plus « alléchante », mais un moment unique pour rechercher et proposer des solutions qui fonctionnent.

La force de mes propositions, qu'elles soient nouvelles ou qu'elles aient déjà été formulées mais jamais mises en œuvre, tient au fait qu'elles changeront le destin de notre pays. Je crois que les Français ne se prononceront pas sur la quantité de promesses reçues mais sur la certitude que les engagements pris seront appliqués.

Lorsque l'on dresse la liste de mes propositions pour notre pays – et nous l'avons fait ensemble – l'on mesure que c'est un projet de transformation économique et sociale sans précédent depuis quelques décennies. Mon but c'est d'en expliquer le sens et les résultats que les Français en retireront.

EL : Quelles seraient les réformes mises en œuvre dans les premiers temps de votre mandat et selon quelle hiérarchie ?

AJ : J'ai indiqué que je voulais concentrer ma campagne sur quelques réformes essentielles qui sont de nature à changer la donne. Ce sont celles-là qui devront être mises en œuvre immédiatement.

Il s'agit d'abord de la réforme du marché du travail, pour faire rapidement refluer le chômage en réformant le contrat de travail, et la durée du travail, en abaissant le coût du travail et en engageant la simplification du droit du travail.

Il s'agit, ensuite, de faire baisser les impôts grâce à la baisse de la dépense publique. Pour faire repartir le plus vite possible l'investissement et la croissance, grâce à des mesures comme la baisse des charges ou la suppression de l'ISF. Il s'agit aussi de mener les réformes qui assureront la pérennité de notre protection sociale et d'engager la modernisation des services publics.

Ces réformes porteront leurs fruits dans la durée. C'est pourquoi il faut lancer les chantiers rapidement, si l'on veut pouvoir obtenir des résultats à l'échelle d'un mandat. Une grande partie du travail consistera, après le vote des grands textes, à assurer leur mise en œuvre effective au jour le jour. C'est généralement là que le bât blesse, car c'est un travail moins gratifiant et qui rapporte peu de visibilité contrairement aux grands effets d'annonce dont notre politique est encore trop friande. Je fais le pari que les Français ont bien compris que là était l'enjeu désormais, et qu'ils attendent du sérieux.

Voilà mes priorités et, c'est la raison pour laquelle, je ne suis pas favorable à l'idée de recourir à des modifications profondes de nos institutions. Il s'agirait, à mon sens, de s'attaquer au thermomètre, plutôt qu'aux raisons de la fièvre. J'ai cependant bien conscience que certaines mesures fortes seront ensuite à mettre en œuvre sur le plan institutionnel, elles concerneront en particulier la réduction du nombre de parlementaires et le respect du non-cumul des mandats exécutifs, qui sont des facteurs de régénération de la classe politique.

EL : Comment assurer la transparence sur les objectifs de la politique conduite, quels outils pour donner de la visibilité et de la constance à l'action ?

AJ : Plutôt que de promettre des conférences de presse présidentielles tous les six mois, sous forme de grand-messe élyséenne, je souhaite mettre en place un système d'évaluation périodique de l'action gouvernementale sous forme d'un nombre limité d'indicateurs de résultats. C'est le modèle britannique de la « delivery unit », qui oblige les ministres à rendre compte de manière mesurable

de leur action et de la mise en œuvre des engagements du gouvernement. Cette mesure permet
à celui qui les a nommés d'évaluer leur action et à
l'opinion et à la presse d'en faire autant. Je lui
trouve de nombreuses vertus.

**EL : Nous parlions de la nécessaire adhésion des
Français aux projets de réformes, eux pour qui il
est important de trouver un sens aux efforts qu'on
leur demande. À quoi ressemblerait la France de
2025 réformée par Alain Juppé et vers laquelle
vous souhaiteriez les emmener ?**

AJ : Renouer avec la croissance et le plein-emploi
est évidemment un objectif primordial, et je propose une stratégie pour y parvenir. Pour autant, je
souhaite sortir du seul registre de la « technique »,
car nous savons tous que ce n'est pas cela qui pro-
voquera une réelle adhésion des Français ou une
nouvelle espérance en notre pays. Je souhaite que
nous arrivions à faire de notre diversité une richesse
en ayant conscience que nous partageons tous un
bien commun : le sentiment national, celui de la
fierté d'être français, de la confiance en notre pays,
dans ses forces, dans ses potentialités et dans son
avenir. Je veux conduire la France sur le chemin
de la confiance. Je le répète, notre diversité est
une chance. À deux conditions. Tout d'abord que
cette diversité ne nous fasse pas basculer dans le

communautarisme. Ensuite, que cette diversité nous mène à l'unité. Autour de notre histoire, de notre culture, de nos racines, y compris chrétiennes, de notre langue. Mais aussi autour de valeurs, celles de l'esprit des Lumières, de la République, de la laïcité, de l'égalité entre les hommes et les femmes, qui sont des traits inaliénables de notre société. Voilà autour de quoi je voudrais recréer un art de vivre ensemble et une confiance des Français en eux et en leur potentiel, pour refaire de la France un pays équilibré et épanoui qui regarde fièrement et sereinement vers son avenir.

EL : Les Français gardent le souvenir d'un Alain Juppé Premier ministre qui a eu le courage de lancer des réformes, mais qui n'a pas su faire preuve d'une grande capacité d'écoute. Avez-vous changé ?

AJ : Le courage et l'écoute sont l'un et l'autre nécessaires pour gouverner. Il est peut-être plus facile d'apprendre à écouter que d'apprendre à être courageux.

Écouter, c'est ce que j'ai notamment appris au cours de mes presque vingt années de vie municipale à Bordeaux. Il est impossible de transformer une ville sans prendre le temps de comprendre, de dialoguer, voire de négocier avec ses concitoyens, pour ensuite agir. Soyez-en persuadé. Même si l'échelle n'est pas la même, je sais combien cette expérience est utile pour conduire les affaires du pays.

L'écoute est au cœur de ma démarche actuelle. Chaque semaine, depuis maintenant près de deux ans, je me déplace à la rencontre des Français et de leur territoire. Je reste sur place entre vingt-quatre et quarante-huit heures et j'échange avec eux. Qu'ils soient chefs d'entreprise, médecins, marins-pêcheurs, agriculteurs, avocats, élus de terrain, responsables associatifs, policiers, travailleurs sociaux, étudiants, tous ont des choses à m'apprendre et m'aident au quotidien dans la construction de mon projet pour la France. Pierre Mendès France avait une formule que j'aime bien : « les électeurs valent mieux que ce que pensent les démagogues ». Je fais, aussi, le pari que les électeurs attendent des responsables politiques en qui ils puissent placer leur confiance et qui pourront fixer un cap pour redresser notre pays. C'est l'enjeu des mois qui viennent.

Résumé des propositions

I. Créer de l'emploi en libérant le travail

Sortir des 35 heures

La durée légale de 35 heures sera supprimée. Ce sera à chaque entreprise de fixer la durée du travail dont elle a besoin dans le cadre d'une négociation. Si elle souhaite rester à 35 heures elle le pourra, si elle souhaite passer à 36, 37, 38 ou 39 heures, elle le pourra aussi.

La loi prévoira qu'à défaut d'accord, la durée applicable dans l'entreprise pourra être portée jusqu'à 39 heures. Pour la majorité des salariés, l'augmentation de la durée du travail se traduira par un gain de pouvoir d'achat très significatif, allant jusqu'à l'équivalent d'un treizième mois pour des salariés à 35 heures qui passeraient à 39 heures. Pour les salariés qui effectuent aujourd'hui des heures supplémentaires, majorées au-delà de 35 heures, la perte du bénéfice de la majoration entre 35 et 39 heures sera compensée par une réduction d'impôt sur le revenu et de cotisations salariales dont le coût sera de 2 Md€. L'augmentation de la durée effective de travail des salariés se traduira donc toujours par une augmentation du pouvoir d'achat.

L'augmentation du temps de travail s'appliquera à la fonction publique. Comme dans le secteur privé, il y aura une négociation entre employeurs et représentants des fonctionnaires, avec des modalités différentes selon les trois fonctions publiques et, à l'intérieur de chacune, selon les différents métiers exercés et selon les collectivités. Des hausses de rémunération en contrepartie de l'augmentation de la durée du travail devront résulter de gains de productivité issus de la modernisation des administrations et de la réduction des effectifs.

Sécuriser le CDI en clarifiant les conditions de sa rupture

Les CDI pourront prévoir des motifs prédéterminés de rupture, adaptés à l'entreprise, encadrés par la loi et homologués par l'administration. Ils seront définis dès la conclusion du contrat de travail. Dans le cadre de ce CDI sécurisé, le salarié connaîtra les motifs de licenciement possibles et aura bien évidemment droit à une indemnisation ainsi qu'à l'assurance-chômage en cas de rupture. Le chef d'entreprise saura dès la conclusion du contrat que si certains aléas économiques venaient à se réaliser, il pourra l'interrompre.

En cas d'activation de la clause de rupture, le juge, s'il est saisi, ne contrôlera pas la validité du motif dès lors que le contrat aura été homologué, mais seulement la matérialité des circonstances invoquées.

Rénover le dialogue social

Pour redonner au dialogue social le sens du concret dont notre pays a besoin, la priorité sera donnée au dialogue social dans l'entreprise, en donnant aux partenaires sociaux, employeurs et salariés, plus d'autonomie pour fixer les règles applicables au sein de leur collectivité de travail. Concrètement, il s'agit de faire de l'accord d'entreprise la norme de droit commun de fixation des règles générales des relations du travail dans le respect de l'ordre public absolu défini par la loi. L'accord d'entreprise pourra définir librement le cadre applicable (notamment en matière de temps de travail) hormis les sujets relevant de l'ordre public.

Des référendums d'entreprise pourront être organisés à l'initiative du chef d'entreprise et d'au moins un syndicat représentatif en cas d'échec des négociations. Le résultat de ce référendum aura force obligatoire.

Pour les petites entreprises et celles qui n'ont pas de syndicat, une palette de solutions sera déployée pour faciliter le dialogue social. Le mandatement de salariés par des syndicats sera rendu beaucoup moins contraignant, les représentants élus par les salariés pourront signer des accords collectifs beaucoup plus facilement qu'aujourd'hui et des salariés pourront être élus par leurs collègues à fin de négocier. Le chef d'entreprise pourra organiser des référendums pour proposer des projets d'accord à ses salariés.

Pour que les représentants des salariés ne perdent pas le contact avec leur métier d'origine, une limitation à deux mandats consécutifs sera instituée, et le temps consacré à l'exercice de leur mandat ne devra pas excéder 50 % du temps de travail, l'autre moitié devant être consacrée à l'exercice de leur activité professionnelle. Les pratiques de certaines entreprises ou administrations consistant à détacher des salariés à temps plein auprès d'organisations syndicales devront cesser.

**Lever les verrous
liés aux effets des seuils sociaux**

La fusion des organes de représentation (délégué du personnel, comité d'entreprise...) deviendra la règle sauf si un accord d'entreprise en décide autrement.

L'application de l'ensemble des obligations actuelles consécutives au franchissement des différents seuils sociaux sera neutralisée pendant 5 ans pour les entreprises qui les dépasseront.

Réformer la justice prud'homale

Il sera demandé aux partenaires sociaux de se mettre rapidement d'accord sur les termes d'une réforme de la justice prud'homale avec l'objectif d'accroître considérablement le volume des conciliations et d'obtenir une justice plus rapide, plus efficace, plus sûre. À défaut d'un tel accord, les pouvoirs publics prendront leurs responsabilités.

Annuler la réforme du compte pénibilité et rouvrir le chantier avec les partenaires sociaux

La prise en compte de la pénibilité du travail est absolument légitime, mais la réforme introduite par le gouvernement est inapplicable et constitue une surcharge bureaucratique insupportable pour toutes nos entreprises. Elle sera annulée et le chantier sera rouvert avec les partenaires sociaux pour aboutir à une réforme équilibrée, reposant sur la prévention des risques et la santé au travail par la généralisation des meilleures pratiques des branches, et la prise en compte de l'usure professionnelle dans le risque d'invalidité.

Assouplir les conditions d'ouverture des commerces le dimanche et en soirée

Les commerces qui le souhaitent et en sont aujourd'hui empêchés disposeront de possibilités accrues d'ouvrir le dimanche et en soirée, sous réserve du volontariat des salariés et d'une majoration de rémunération pour ces derniers.

II. Créer de l'emploi en rendant le travail compétitif

Refondre et simplifier les allégements de charge existants en les ciblant sur les bas salaires

Les allégements généraux de charges sur les salaires et le CICE seront refondus dans un dispositif pérenne de zéro charge au niveau du SMIC, soit la suppression de 11 points de cotisation, et d'allégement dégressif jusqu'à 1,8 SMIC. Le coût de ces allégements sera équivalent à celui du CICE et des allégements généraux actuels. Ils permettront la création d'emplois pour les moins qualifiés, pour lesquels le taux de chômage est le plus élevé, et auront un impact rapide sur sa diminution.

Réduire les cotisations famille de 10 Md€ sur l'ensemble des salaires

Le mouvement de baisse du coût du travail sera amplifié par une réduction des cotisations famille pour un peu plus de 10 milliards d'euros, soit une réduction de plus d'un tiers du montant actuel de ces cotisations. Cette mesure profitera à l'ensemble des entreprises, grandes et petites, aux artisans, aux indépendants, aux agriculteurs, et elle concernera l'ensemble des salariés à tous les niveaux de qualification. Cette mesure sera financée par un point supplémentaire du taux normal de TVA (6,5 milliards d'euros) et par des économies.

Favoriser le développement des emplois de services à la personne

Le gouvernement actuel, en réduisant les aides, a tout à la fois pénalisé la vie de millions de Français, créé du chômage et généré du travail au noir. Ces aides seront relevées sous forme d'allégement des cotisations des particuliers employeurs, pour un coût de 600 millions d'euros, afin de créer des emplois et de réduire le travail au noir.

Garantir une concurrence loyale sur le marché du travail

Le régime actuel du détachement au sein de l'Union européenne produit des effets pervers et doit évoluer. En l'état actuel, il s'agit d'un dumping social organisé : en effet, ce sont les cotisations sociales du pays d'origine qui s'appliquent, et beaucoup d'obligations de l'employeur pour un salarié français, comme la formation, ne s'appliquent pas. C'est l'ensemble de la législation sociale du pays d'accueil qui devra à l'avenir s'appliquer : non seulement le droit du travail, mais aussi les cotisations sociales. La France fera de l'inversion de ces règles une priorité auprès de la Commission Européenne.

III. Créer de l'emploi en rendant le travail attractif

Alléger la fiscalité des familles sur les revenus de leur travail

Les familles, qui supportent les charges les plus lourdes pour leurs enfants et dont la fiscalité a été considérablement accrue au cours de l'actuelle mandature, bénéficieront d'un relèvement du plafond du quotient familial de 1 500 à 2 500 € par demi-part supplémentaire, pour un coût total estimé à 2 milliards d'euros.

Contrôler la recherche active d'emploi

Le service public de l'emploi mettra en place un contrôle réel de la recherche d'emploi et veillera à ce que les indemnités chômage soient effectivement suspendues en cas de recherche insuffisante ou de refus d'emploi. Les démarches de recherche d'emploi entreprises par le demandeur d'emploi feront l'objet d'un appui et d'un suivi sous forme dématérialisée.

Aider les chômeurs de longue durée à se réinsérer sur le marché du travail

Si les contrats aidés en entreprise peuvent être utiles, les contrats aidés dans le secteur non marchand sont en revanche inefficaces et ne seront pas renouvelés. Pour inciter les entreprises à l'embauche de chômeurs de longue durée, le demandeur d'emploi se verra confier un chèque représentatif de toutes les aides dont l'entreprise pourra bénéficier en l'employant. Ces aides sont aujourd'hui mal connues et peu utilisées. Pour les personnes très éloignées de l'emploi, un programme de retour à l'emploi en entreprise sera mis en œuvre. D'une durée de six mois à un an, il permettra au bénéficiaire de reprendre pied dans le monde du travail et d'avoir une expérience significative à faire valoir.

Exiger des bénéficiaires du RSA une démarche de réinsertion professionnelle

Les bénéficiaires du RSA ont droit à un accompagnement professionnel de qualité et ne sauraient être enfermés dans des filières d'insertion et, a fortiori, dans des filières d'accompagnement purement social. Sauf pour des cas exceptionnels (maladie par exemple), les bénéficiaires du RSA auront l'obligation d'accepter les propositions d'emploi ou de formation qui leur seront faites. Le refus sera sanctionné par un retrait de l'allocation.

Faire en sorte que le travail « paie »

Le RSA est un revenu minimum, il ne saurait être le déclencheur d'autres aides. Afin que le niveau de vie procuré par le travail soit toujours supérieur à celui de l'assistance, les bénéfices des aides sociales, dont le cumul est possible et qui sont mal connues (en particulier pour les prestations des collectivités territoriales) seront plafonnés. Le mécanisme consistera à prendre en compte la réalité des ressources des personnes pour déterminer le droit au RSA et son montant.

IV. Créer de l'emploi en relançant l'investissement privé

Donner de la clarté et de la visibilité à la politique fiscale

Un contrat fiscal sera voté en début de mandat pour la durée du quinquennat. Il prendra la forme d'une loi de programmation votée à l'automne 2017 qui comprendra l'intégralité des mesures fiscales et leur calendrier sur 5 ans. Les dispositions fiscales seront strictement réservées aux lois de finances.

Faire converger le taux de l'impôt sur les sociétés vers la moyenne européenne

Le taux d'imposition des bénéfices de nos entreprises (qui peut atteindre 38 % aujourd'hui) convergera progressivement vers la moyenne européenne (22 %). Dans un premier temps :

- les cotisations additionnelles à l'impôt sur les sociétés, dont la cotisation de 3 % sur les revenus distribués, seront supprimées pour un montant de 2,8 milliards d'euros,
- le taux de l'impôt sera fixé à 24 % pour les PME, c'est-à-dire les entreprises jusqu'à 7,6 millions d'euros de chiffre d'affaires, et le taux pour les autres entreprises sera dans un premier temps ramené à 30 %. Le coût global de ces baisses de taux est estimé à 10,9 milliards d'euros. À terme, un seul taux, dans la moyenne européenne, devra s'appliquer pour toutes les entreprises.

Supprimer l'ISF

L'ISF, qui a fait fuir depuis sa création des milliers de détenteurs de capitaux qui auraient pu investir en France, sera supprimé en début de mandat pour un coût d'environ 5,1 Md€.

Sa suppression en 2018 entraînera la disparition du dispositif d'ISF-PME, qui permet de déduire de l'ISF les montants investis dans une jeune PME. Afin d'encourager les *Business Angels*, la réduction d'impôt qui permet de déduire une partie de ses investissements de l'impôt sur le revenu sera accrue (soit une réduction d'IR maximum de 63 000 euros), de sorte que l'aide procurée soit équivalente à l'ISF-PME (500 M€).

De même, le dispositif qui permettait de soutenir le financement des organismes d'intérêt général par une réduction d'ISF sera lui aussi recréé par un mécanisme équivalent au titre de l'impôt sur le revenu.

Alléger l'imposition des revenus de l'investissement

La taxation forfaitaire des revenus de l'investissement sera rétablie, sauf pour les contribuables pour lesquels la taxation au barème de l'impôt sur le revenu est plus avantageuse. Pour les dividendes et les autres revenus de l'investissement, le taux sera fixé à un niveau proche de ce qu'il était avant 2012, c'est-à-dire autour de 20 % (hors prélèvements sociaux). Pour les plus-values, la taxation sera dégressive avec la durée de détention, avec l'objectif qu'on ne soit plus imposé que du quart de la plus-value, prélèvements sociaux inclus, au bout de six ans. (1 milliard d'Euros).

Encourager l'actionnariat salarié

Le développement de l'actionnariat salarié est favorable au financement de l'entreprise mais, surtout, favorable à la cohésion sociale au sein de l'entreprise. Pour lui donner un nouvel essor, les prélèvements sociaux payés par l'entreprise seront baissés de 20 % à 16 %. Pour les salariés, le plafond d'exonération des plus-values au-delà de cinq ans de détention sera fortement relevé (400 millions d'€).

V. Créer de l'emploi en mettant la sphère publique au service de l'usager

Mettre fin à l'inflation et l'instabilité normatives ainsi qu'à la sur-transposition de la législation européenne

La réorganisation des administrations et la réduction du nombre de fonctionnaires en administration centrale contribueront à arrêter l'inflation règlementaire.

Le Parlement devra consacrer moins de temps à voter des règles nouvelles, et davantage à évaluer ou supprimer les règles existantes. Il devra aussi se montrer beaucoup plus exigeant sur la qualité des études d'impact qui sont devenues obligatoires mais manquent encore de sérieux et d'objectivité.

L'exécutif instaurera une discipline interne pour que les ministres cessent d'alimenter l'inflation et l'instabilité des normes.

Les administrations auront l'interdiction d'alourdir une norme européenne par des normes françaises plus exigeantes. Pour les nombreux secteurs où les règles européennes ont été alourdies en droit français, notamment l'agriculture, un bilan de la situation sera dressé avec les professionnels pour établir la liste des normes à abroger. Leur suppression sera mise en œuvre dans la foulée.

Engager une véritable démarche de simplification dans la durée

Pour en finir avec les plans de simplification qui se succèdent sans rien changer à la réalité quotidienne des entreprises, une démarche sera pilotée par un véritable indicateur de résultat. Chaque année, le coût et le temps passé sur un ensemble de formalités courantes de la vie de l'entreprise (se créer, croître, se restructurer, transmettre) seront mesurés de façon indépendante. Cette mesure et la recherche de solutions seront notamment permises par l'implantation dans chaque ministère de « task forces » digitales, plateformes citoyennes qui font remonter les propositions de ceux qui vivent les complexités au quotidien, inspirées de l'initiative du Président Obama.

L'évolution de ce baromètre sera suivie régulièrement avec comme objectif une amélioration substantielle sur la durée du quinquennat.

Le déclassement du domaine législatif dans le domaine réglementaire des normes qui n'ont rien à faire dans la loi sera engagé afin de rendre plus facile leur simplification ou leur suppression.

Améliorer les relations entre les usagers et l'administration

Les relations entre l'administration et les usagers devront être fondées sur un principe de confiance plutôt que sur celui de suspicion qui prévaut encore trop souvent.

En matière fiscale :

- l'absence de réponse à une demande de rescrit dans un délai de deux mois vaudra réponse positive,
- la « petite rétroactivité » fiscale, qui peut créer en fin d'année de grands bouleversements dans le montant de l'impôt à payer, sera interdite et cette règle s'imposera à tous les budgets qui seront présentés au cours de la législature,
- la « relation de confiance », qui est une expérimentation originale d'audit fiscal *a priori* des entreprises plutôt que de contrôle *a posteriori*, sera étendue et pérennisée,
- une garantie de « rescrit-contrôle » sera introduite pour que les positions prises par l'administration fiscale lors d'un contrôle soient à l'avenir opposables à celle-ci.

En matière sociale, les URSSAF opéreront une distinction claire entre ce qui relève de la fraude, et qui doit être rigoureusement sanctionné, et ce qui relève de l'erreur : un droit à l'erreur sera instauré. Les droits de l'entrepreneur lors des contrôles seront par ailleurs renforcés.

Dans le respect des textes internationaux, des formules permettant aux entreprises d'avoir recours à des organismes privés agréés pour auditer leurs pratiques en matière de droit du travail seront mises en place. Les entreprises auditées pourront se prévaloir de ces audits vis-à-vis de l'inspection du travail, concernant notamment le respect des prescriptions techniques en matière de protection de la santé et de la sécurité au travail. L'inspection du travail publiera de véritables normes déontologiques, qui devront constituer des règles professionnelles opposables.

Payer les entreprises dans les temps

Un organisme financier public tel que la Caisse des dépôts recevra la mission de régler le fournisseur d'un marché public en cas de retard de paiement de son client public. Ce système d'affacturage inversé sera mis en place par une convention entre l'État, les collectivités publiques et l'organisme payeur. Ce dernier sera rémunéré par la perception des intérêts de retard dus par les donneurs d'ordre publics.

VI. Créer de l'emploi en assurant la performance de la sphère publique

Organiser une grande opération de transparence sur les rapports d'évaluation des politiques publiques

Depuis plus d'une décennie, les administrations ont produit des centaines de rapports d'inspection ou d'étude proposant des réformes d'ampleur pour améliorer le fonctionnement des services publics, l'efficacité des politiques publiques et réduire la dépense publique. Ces documents n'ont pour la plupart jamais été publiés et n'ont débouché sur aucune décision car les gouvernements successifs ont eu peur de leur contenu. Au lieu de lancer une énième série d'études, ces rapports seront rendus publics pour que les Français comprennent les choix qui se présentent et pour que le Parlement et la presse puissent s'en saisir. Cette opération de transparence est un préalable à l'action car on ne fait pas des choix de grande ampleur en catimini. Les décisions relatives à la maîtrise des dépenses publiques seront prises sur cette base.

Réaliser 85 à 100 milliards d'euros d'économies sur la dépense publique en 5 ans

Conformément à nos engagements internationaux le retour à l'équilibre structurel des finances publiques sera assuré pendant le quinquennat. La dépense publique, qui représente près de 57 % du PIB aujourd'hui, connaîtra un important mouvement de décrue pour aller à terme vers un niveau plus proche de la moyenne européenne (autour de 50 %). Cet effort permettra à la fois la résorption totale du déficit structurel et le financement des baisses d'impôts prévues. Cette première étape qui sera réalisée sur la période 2017-2022 nécessitera un effort de 85 à 100 Md€ d'économies.

Chaque composante de la dépense publique, État, collectivités territoriales, sphère sociale, devra contribuer à proportion de sa part dans le total de la dépense publique.

L'État reprendra les efforts d'économie arrêtés en 2012, qui seront étendus à ses opérateurs pour un total de l'ordre de 25 à 30 Md€. Les économies proviendront principalement de modifications de son périmètre d'intervention (12 à 15 Md€), d'une optimisation des frais de fonctionnement (3 Md€), d'une rationalisation des dépenses des opérateurs (2 Md€), de gains de productivité par la réorganisation des services, la numérisation et la dématérialisation (3 Md€), et de la rationalisation de sa présence de sur le territoire (1 Md€).

Les collectivités territoriales devront aussi participer, à proportion des 20 % de la dépense publique qu'elles représentent (10 à 15 Md€). Leur contribution prendra la forme d'un contrat pluriannuel pour la durée du quinquennat. Certaines économies proviendront de l'introduction d'un plafond d'endettement. D'autres seront permises par les regroupements et mutualisations qui seront fortement encouragées *via* la modulation des dotations et l'allégement des normes.

À ces mesures s'ajouteront un effort global de maîtrise de la masse salariale (celle-ci progresse déjà spontanément, du fait de l'avancement automatique à ancienneté), et une baisse des effectifs de 250 000 à 300 000 postes, au moyen du non-remplacement ciblé des départs à la retraite. Au total, 9 à 12 Md€ d'économies devraient être ainsi réalisées au terme du quinquennat sur l'ensemble de la sphère publique, dont à 4 à 6 M€ pour l'État et ses opérateurs, 2 à 3 Md€ pour les administrations sociales et 3 Md€ pour les collectivités territoriales.

Dans la sphère sociale les économies proviendront de la réforme des retraites (20 Md€), du retour progressif à l'équilibre de l'assurance chômage (4 à 5 Md€), d'une réduction des dépenses de la politique du logement (4 à 5 Md€), de l'optimisation des soins hospitaliers et d'une maîtrise des dépenses de médicaments (5 à 7 Md€), d'une rationalisation de l'organisation des régimes (3 à 6 Md€), d'une meilleure prise en compte des revenus réels dans le calcul et le ciblage des prestations et d'une lutte plus efficace contre les abus et la fraude (7 à 8 Md€).

Rétablir deux jours de carence dans la fonction publique

Deux jours de carence seront rétablis dans l'ensemble des fonctions publiques afin de lutter contre l'absentéisme, qui est plus important que dans le secteur privé. Cette mesure aura un effet puissant pour limiter les absences de courte durée pour cause de maladie.

Moderniser la gestion publique

Le régime de rémunération des fonctionnaires sera simplifié pour accroître la part de la rémunération relevant de la performance et faciliter les mobilités au sein des administrations et entre fonctions publiques.

Pour permettre la modernisation des administrations et un dialogue social véritable, des enceintes comparables aux comités d'entreprise deviendront le lieu privilégié de la négociation dans la fonction publique. Les ministres recevront les capacités juridiques et financières nécessaires pour jouer pleinement leur rôle managérial.

Les possibilités de licenciement pour insuffisance professionnelle ou pour refus de poste en cas de réorganisation du service seront davantage utilisées lorsqu'elles sont justifiées.

Les possibilités de recruter dans la fonction publique des agents soumis à des contrats de droit privé qui existent déjà dans les établissements publics seront plus activement utilisées pour les missions non régaliennes.

Définir un contrat de responsabilité avec les collectivités territoriales

Même si elle est mal conçue, la dernière réforme régionale ne sera pas remise en cause pour éviter de prolonger l'instabilité institutionnelle qui sévit depuis 2010.

Un contrat d'engagement réciproque sur cinq ans sera conclu avec les collectivités territoriales. L'État s'engagera pour sa part à ne pas transférer des charges supplémentaires aux collectivités sans les compenser de manière durable et intégrale ; il s'engagera aussi à alléger les normes et contraintes multiples qui pèsent sur les gestionnaires locaux et à donner aux collectivités territoriales des outils de gestion, notamment en matière de fonction publique ; les collectivités s'engageront pour leur part à la mutualisation de leurs services et à accélérer le mouvement des regroupements de communes de façon à simplifier la carte territoriale.

Le droit constitutionnel à l'expérimentation sera mis en œuvre pour permettre aux collectivités de décider elles-mêmes de la meilleure organisation adaptée à chaque territoire. Si deux départements souhaitent fusionner, ils le pourront. Si une Région souhaite déléguer des compétences à un département, elle le pourra.

Les conditions d'attribution des dotations de l'État seront modifiées pour encourager les collectivités qui auront fait des efforts de bonne gestion, en particulier sur la masse salariale et le fonctionnement plutôt que celles qui accroissent leurs dépenses.

VII. Créer de l'emploi en pérennisant notre modèle de protection sociale

Assurer la sauvegarde de notre système de retraites par répartition

L'âge légal de départ à la retraite sera décalé à 65 ans. C'est le meilleur choix pour assurer la justice sociale, puisqu'il s'agit de tirer les conséquences de l'allongement de l'espérance de vie sans affecter le montant des pensions, et pour favoriser la compétitivité et l'emploi, puisqu'il évite toute hausse des charges sociales. Cette réforme sera mise en œuvre dès 2018. Elle générera une économie structurelle de 20 milliards d'euros en 2022.

Faire converger les systèmes de retraite public et privé

Le décalage de l'âge de la retraite concernera tous les fonctionnaires, y compris les catégories dites

« actives » et les régimes spéciaux (RATP, SNCF, EDF, etc).

Les fonctionnaires des trois fonctions publiques (d'État, hospitalière, territoriale) recrutés à partir de 2018 seront affiliés au régime général et aux caisses de retraite complémentaire comme les salariés du privé, ce qui mettra fin, à terme, à la coexistence de régimes différents qui alimente le sentiment d'injustice.

Rétablir l'équilibre de l'assurance chômage

L'équilibre de l'assurance chômage est de la responsabilité des partenaires sociaux, mais le régime ne tient actuellement financièrement que grâce à la garantie de l'État sur sa dette. Les paramètres de l'indemnisation – durée minimale d'affiliation, mode de constitution des droits, durée et niveau d'indemnisation – sont aujourd'hui parmi les plus favorables en Europe et n'incitent pas toujours à reprendre rapidement un travail. Les partenaires sociaux seront invités dès le printemps 2017 à prendre rapidement les décisions permettant le retour à l'équilibre structurel du régime. S'ils n'y parviennent pas, l'État agira par la loi sur les paramètres de l'assurance chômage en instaurant la dégressivité des allocations.

Lutter efficacement contre la fraude et les abus

La fraude sape la confiance des Français dans le système. Elle est notamment présente dans les dispositifs sociaux fondés sur les déclarations de ressources du bénéficiaire (CMU, Aide à la complémentaire santé, CMU-Complémentaire) et dans la sous-déclaration des rémunérations donnant lieu à cotisation. Tous les régimes devront désormais activement recourir au *datamining* pour détecter les fraudes. Les caisses et leurs directeurs seront responsabilisés sur leurs résultats en la matière.

L'aide médicale d'État (AME) donne lieu à des dérives choquantes. Le nombre de bénéficiaires a été multiplié par trois et coûte 700 à 800 millions d'euros chaque année. L'AME sera désormais strictement réservée aux situations d'urgence médicale.

Développer l'e-santé

Parce que la France a tous les atouts pour en être un acteur majeur, le développement de l'e-santé sera l'un des grands chantiers du quinquennat. L'e-santé englobe les applications mobiles et les plateformes d'informations du patient sur sa santé, la télésanté qui repose notamment sur des outils de téléassistance, de télévigilance, et de communication au médecin de données du patient, ainsi que la télémédecine, qui implique un échange à contenu médical entre le patient et les professionnels de santé.

Garantir l'équilibre de financement de la Sécurité sociale à long terme

Une discipline collective doit s'appliquer pour l'ensemble des branches de la sécurité sociale. Pour cela, les projets de loi de financement de la sécurité sociale seront désormais obligatoirement présentés au Parlement en équilibre ou en excédent. Toute dépense nouvelle devra faire l'objet d'économies équivalentes ou de financements identifiés. Un fonds de régulation conjoncturelle permettra de parer aux imprévus et sera reconstitué après chaque utilisation. Une réforme déresponsabilisante comme celle du tiers payant généralisé sera annulée.

VIII. Créer de l'emploi en réformant notre système de formation

Mettre fin à la sélection par l'échec dans l'enseignement supérieur

L'orientation à l'entrée de l'enseignement supérieur sera considérablement renforcée pour mettre un terme à l'échec de masse en licence (50 % à 60 % des jeunes s'inscrivent en licence à l'université sans jamais l'obtenir). Les titulaires d'un baccalauréat professionnel ou technologique seront prioritairement orientés vers des DUT ou des BTS, filières qui doivent leur être majoritairement réservées. La sélection en master se fera par ailleurs à l'entrée du master 1 au lieu du master 2.

Dynamiser l'apprentissage

L'apprentissage sera activement développé en agissant sur les principaux verrous qui limitent aujourd'hui son développement : le verrou culturel (les entreprises interviendront dans les collèges à partir de la cinquième pour présenter les métiers qu'elles proposent), le verrou organisationnel (rapprocher les lycées professionnels et les centres de formation des apprentis sur le modèle de l'apprentissage), le verrou réglementaire (suppression des règles qui contraignent inutilement l'emploi d'apprentis), le verrou financier (révision de la réforme de la taxe d'apprentissage).

Former aux métiers de demain

Des gisements d'emplois existent déjà dans les métiers du numérique – programmeurs, mathématiciens, *data scientists* spécialistes de l'expérience client, spécialistes des réseaux sociaux – dans lesquels la France accuse encore un retard significatif vis-à-vis de nos voisins. Une modernisation de l'offre de formation de notre système sera engagée pour mieux répondre aux besoins nouveaux et organiser la reconversion rapide de ceux qui perdent leur emploi.

Garantir la performance
de la formation professionnelle

Un système d'évaluation systématique des formations dont bénéficient les demandeurs d'emploi et, de manière plus générale, les salariés, sera mis en place. Tous les organismes de formation initiale et continue qualifiantes devront rendre public, selon une méthodologie commune, le taux d'accès à l'emploi des personnes sortant de formation. Il n'y aura plus un euro d'argent public pour des formations qui n'auraient pas fait preuve de leur efficacité. Les organismes de formation professionnelle devront être certifiés par des tiers indépendants.

Le « compte personnel de formation », qui a été conçu de manière bureaucratique, évoluera pour permettre à tous les actifs de s'offrir des prestations de conseil ou d'orientation professionnelle auprès des prestataires de leurs choix.

IX. Créer de l'emploi en adaptant
notre économie aux nouvelles formes
de travail et aux transformations numériques

Égaliser les conditions de concurrence
entre entreprises établies et nouveaux entrants

Face aux développements de la nouvelle économie, les conditions de concurrence entre les acteurs établis et les nouveaux entrants seront égalisées. Non pas en érigeant des barrières et entraves à la nouvelle économie, comme l'a fait la loi Pinel, mais en améliorant la situation des entreprises établies par l'allégement des normes qui leur sont imposées. Cette approche sera déclinée dans une série de secteurs (hôtellerie-restauration, transports, artisanat).

Moderniser la protection sociale des indépendants

Le RSI sera profondément modernisé en simplifiant l'assiette des cotisations, en expérimentant l'autoliquidation, ainsi qu'en développant les téléservices et le télépaiement. Les systèmes de gestion et d'information des régimes seront harmonisés pour offrir un libre choix d'affiliation aux assurés. La protection contre l'inactivité subie sera renforcée (elle constitue aujourd'hui le principal écart entre les salariés, qui ont droit à l'indemnisation du chômage, et les indépendants qui n'adhèrent pas tous à une assurance).

Réduire fortement les cotisations sociales des indépendants

Les cotisations sociales au régime social des indépendants seront allégés à hauteur de 2 M d'€. Un indépendant dont le résultat annuel serait de 35 000 euros verrait ainsi ses cotisations baisser d'environ 800 euros par an.

Mettre en place un dossier social unique pour simplifier les parcours de carrière

Pour accompagner les Français dans leurs parcours professionnels de manière beaucoup plus fluide et simple, un dossier social unique sera mis en place pour chacun, rassemblant l'actualité et l'historique des prestations sociales perçues, ainsi que les droits à la formation professionnelle. Ce dossier permettra à tous les assurés d'avoir plus de choix quant à leur rattachement en cas de changement d'activité : ils pourront choisir de rester affiliés toute leur vie à la même caisse mais aussi d'en changer s'ils le souhaitent. Ce dossier social unique constituera un vrai progrès par rapport au « compte personnel d'activité » de l'actuel gouvernement, qui est avant tout un compte pénibilité !

X. Créer de l'emploi en devenant leaders de l'économie de la connaissance

Sanctuariser le crédit d'impôt recherche

Il existe dans notre pays beaucoup d'instruments de soutien à l'innovation. Le premier d'entre eux, le Crédit Impôt Recherche, constitue un puissant facteur d'attractivité. Ce dispositif sera sanctuarisé et stabilisé dans ses règles de fonctionnement.

Poursuivre et préserver le Programme d'investissements d'avenir

Le Programme d'investissements d'avenir sera poursuivi et recentré sur son rôle d'origine, qui consiste à financer des dépenses structurantes pour la croissance de demain. Il ne sera plus détourné pour financer des dépenses courantes en dehors du budget de l'État.

Favoriser l'excellence scientifique et la collaboration public/privé

Le budget de la recherche sera rééquilibré au profit du financement sur projet, dont les crédits ont été réduits de 40 % entre 2010 et 2014 et représentent désormais moins de 10 % du total. Le financement sur projet de la recherche sera activement utilisé comme levier pour intensifier la collaboration entre monde académique et entreprises.

XI. Créer de l'emploi en faisant de l'Europe un vecteur de prospérité

Exiger de l'Europe qu'elle soutienne les intérêts économiques et commerciaux des États membres

En matière de politique commerciale, l'Europe devra être plus vigilante face au dumping pratiqué par certains pays, sur les prix mais aussi sur les normes sociales ou environnementales, et recourir plus fréquemment aux instruments de défense commerciale dont elle dispose déjà. La France continuera d'exiger la réciprocité des échanges.

S'agissant du traité transatlantique, la réduction des droits de douane et la convergence réglementaire seront soutenues par la France dans l'intérêt de ses entreprises, mais devra s'accompagner d'une meilleure ouverture du marché américain aux services, qu'ils soient financiers, maritimes ou aériens, ainsi qu'un plus large accès aux marchés publics. Trois lignes rouges devront ne pas être franchies, en matière agricole, culturelle et de protection des données personnelles. L'accord devra être donnant-donnant ; mieux vaudra ne pas trouver d'accord qu'un mauvais accord. La Commission devra être plus transparente à l'égard des États-membres sur la conduite de la négociation.

En matière de politique de la concurrence, une résolution sera portée au Conseil européen pour que la Commission s'attache à être plus pragmatique face aux projets de consolidation de grandes entreprises au niveau européen, et pose des conditions pour leur mise en œuvre plutôt que de les empêcher.

Relancer le moteur franco-allemand pour faire progresser l'intégration économique

Relancer l'Europe nécessite de rétablir la confiance avec l'Allemagne. Ceci implique que la France se montre capable d'appliquer pour elle-même les règles qu'elle impose aux autres et de se réformer. L'Europe devra travailler à de nouvelles réalisations : avancer résolument sur les infrastructures européennes, la politique énergétique, la protection des données, les grands projets industriels en matière spatiale ou de défense, la pleine garantie des dépôts dans le cadre de l'union bancaire, l'orientation du budget communautaire vers l'investissement, l'approfondissement de l'union des marchés de capitaux.

L'intégration des marchés nationaux devra progresser substantiellement. L'hétérogénéité des contraintes réglementaires et fiscales constitue encore une barrière très importante, et bloque le développement de nos entreprises. L'Europe doit aussi cesser d'être le lieu de la concurrence fiscale à outrance. La France soutiendra activement le projet d'harmonisation de l'assiette de l'impôt sur les sociétés porté par la Commission. Elle agira pour que soit nommé un vice-président en charge de la zone euro au sein de la Commission, afin d'affirmer le rôle de l'Eurogroupe.

XII. Regagner la confiance des Français par une action crédible et efficace

Créer des déclics de confiance dès les premiers mois du prochain mandat

Certaines réformes devront être mises en œuvre immédiatement car elles sont essentielles au redémarrage de l'économie et au retour de la confiance. Il s'agit d'abord de la réforme du marché du travail et de l'abaissement du coût du travail, pour faire refluer le chômage. Il s'agit ensuite d'assurer la pérennité de notre protection sociale avec la réforme des retraites. Il s'agit enfin d'indiquer à tous les acteurs de l'économie, les ménages comme les entreprises, un cap pour cinq ans en matière de fiscalité comme de dépenses publiques, par le vote d'une loi de programmation fiscale, et l'engagement d'un programme pluriannuel de diminution de la dépense publique.

Agir rapidement en s'étant préparé

Une série d'ordonnances sera préparée avant l'élection. Elles seront promulguées rapidement après une habilitation législative, dans les quatre premiers mois du mandat. De la même manière, une série de mesures législatives auront été rédigées, et seront présentées au Parlement qui siégera en session extraordinaire durant l'été. Une structure gouvernementale resserrée sera présentée aux

Français avant l'échéance, afin d'être opérationnelle sans délai.

Organiser efficacement l'action gouvernementale

Un gouvernement composé de 10 à 12 ministres de plein exercice aux attributions stables, pour l'essentiel calquées sur le périmètre des 10 secrétariats généraux des ministères (défense ; affaires étrangères ; intérieur ; justice ; économie et finances ; affaires sociales ; agriculture ; écologie et équipement ; éducation, enseignement supérieur et recherche ; culture) composeront le conseil des ministres. En complément, 10 à 15 secrétaires d'État seront désignés. Parmi eux certains seront nommés pour une mission précise et une durée limitée.

Assurer la transparence sur les objectifs et les réalisations

Pour donner de la visibilité à l'action du gouvernement, une stratégie de mise en œuvre des réformes sera présentée pour les cinq ans du mandat par le Premier ministre, à l'issue de son discours de politique générale. Une Lettre de mission du Premier ministre à chaque membre du gouvernement, après leur nomination, précisera leur feuille de route et les objectifs, y compris chiffrés, sur lesquels leur action sera jugée.

Les ministres traduiront à leur tour ces priorités par des lettres de mission adressées à leurs directeurs d'administration centrale et aux dirigeants des opérateurs qu'ils ont sous leur tutelle.

Une « *delivery unit* » sur le modèle britannique sera mise en place. Elle sera en charge d'assurer le pilotage des grands projets du quinquennat, et de rendre publics les indicateurs d'avancement du programme de travail de chaque membre du gouvernement.

Annexe 1
La France a des atouts
qui lui permettront de rebondir

1. Une profusion de matière grise

L'enseignement supérieur français dispense des formations de haut niveau reconnues à l'international. Si la France doit progresser dans le fameux classement de Shanghai (quatre établissements français sont dans le Top 100, et 22 dans le Top 500), elle se situe tout de même au cinquième rang mondial derrière les États-Unis, la Chine, l'Allemagne et le Royaume-Uni. Elle compte par ailleurs six écoles de commerce parmi les 20 meilleures au monde dans le classement du *Financial Times* et des formations d'ingénieurs d'élite.

Cinq ans pour l'emploi

Classement *Financial Times* des meilleurs masters de management

Classement	École proposant le master	Pays
1	Université de Saint-Gall	Suisse
2	**HEC**	**France**
3	**ESSEC**	**France**
4	WHU Beisheim	Allemagne
5	Cems	*International*
6	Esade	Espagne
7	**ESCP Europe**	**France**
8	Rotterdam School of Management	Pays-Bas
9	IE Business School	Espagne
10	London Business School	Royaume-Uni
11	HHL Leipzig GSM	Allemagne
12	Universita Bocconi	Italie
13	Indian Institute of Management	Inde
14	EBS Business School	Allemagne
15	**Grenoble Graduate School of Business**	**France**
16	**Edhec**	**France**
17	Indian Institute of Management	Inde
18	Mannheim Business School	Allemagne
19	Imperial College Business School	Royaume-Uni
20	**EM Lyon**	**France**

La qualité de la recherche française est reconnue dans le monde entier et les chercheurs français brillent dans plusieurs disciplines, notamment en mathématiques, discipline dans laquelle la France est le second pays ayant obtenu le plus de distinctions (nombre de médailles Fields) juste après les États-Unis.

Palmarès des médailles Fields par pays

Classement	Pays	Nombre de médailles
1	États-Unis	14
2	**France**	**13**
3	Russie	9
4	Royaume-Uni	6
5	Japon	**3**

Palmarès des prix Nobel par pays et par discipline

PHYSIQUE	CHIMIE	ÉCONOMIE
1 : États-Unis (90)	1 : États-Unis (72)	1 : États-Unis (40)
2 : Royaume-Uni (25)	2 : Royaume-Uni (29)	2 : Royaume-Uni (9)
3 : Allemagne (24)	3 : Allemagne (20	**3 : France (3)**
4 : France (13)	**4 : France (8)**	4 : Canada (3)
5 : Russie (10	5 : Russie	5 : Suède (2)

239

2. Une population active en augmentation

La population française s'accroît grâce à une natalité soutenue, signe que les Français n'ont pas perdu confiance en l'avenir autant qu'on le dit. Avec 70 millions d'habitants à l'horizon 2050, elle pourrait même dépasser la population allemande, avec tout ce que cela implique de renforcement de notre poids économique et politique en Europe.

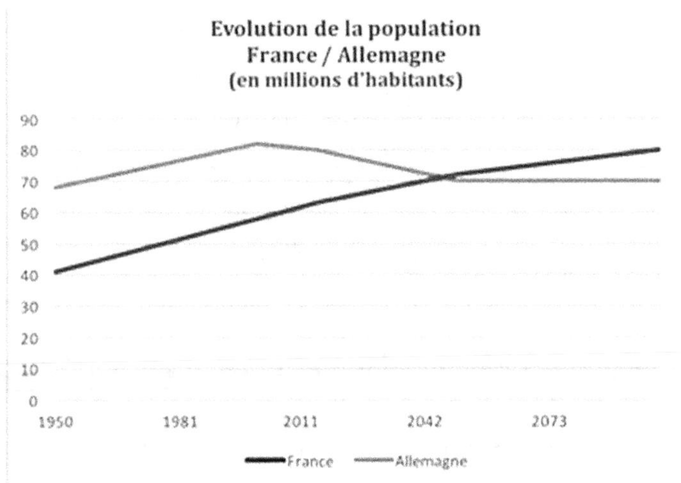

Source : INSEE, Bundesinstitut für Bevölkerungsforschung, INED

3. Un esprit d'entreprise
qui ne demande qu'à s'épanouir

Sur le plan économique, nos grands champions nationaux se sont imposés comme des leaders mondiaux dans leurs secteurs. Sur les 500 plus grandes entreprises mondiales, 31 sont françaises (dont 4 parmi les 100 plus grandes), ce qui situe la France au 4e rang mondial après les États-Unis, la Chine et le Japon.

De l'autre côté du spectre, les Français sont des entrepreneurs ! En proportion, ils créent nettement plus d'entreprises que les Américains et les Allemands et se situent à égalité avec les Britanniques.

**Création d'entreprises en France, Allemagne,
Royaume-Uni et États-Unis, 2013**

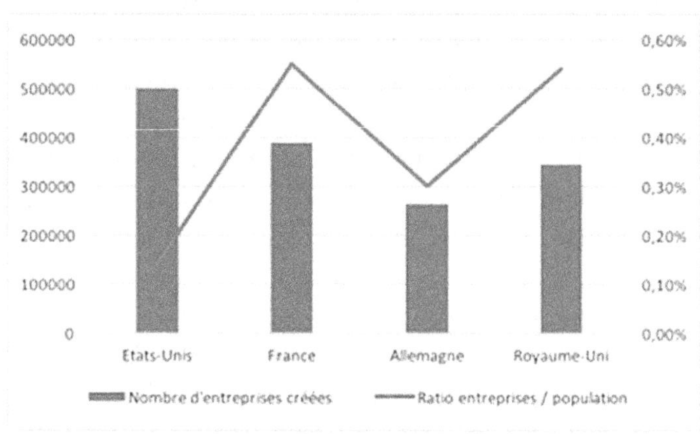

Source : INSEE, Eurostat

4. Un réseau d'infrastructures de pointe qui constitue un atout économique

Notre réseau d'infrastructures est l'un des meilleurs du monde : nous sommes globalement classés 8e par le forum économique mondial pour la qualité générale des infrastructures. Plus particulièrement, la France est considérée comme ayant le 6e meilleur réseau routier au monde, le 7e meilleur réseau ferroviaire et le 15e meilleur réseau aérien.

Qualité générale des infrastructures (2015)

Classement	Pays	Note (sur 7)
1	Hong Kong	6,6
2	Singapour	6,4
3	Pays-Bas	6,3
4	Émirats arabes unis	6,3
5	Japon	6,2
6	Suisse	6,2
7	Allemagne	6,1
8	**France**	**6,03**
9	Royaume-Uni	6
11	États-Unis	5,8
26	Italie	5,3

Source : Forum économique mondial

L'utilisation massive d'Internet, facilement accessible, est un autre atout de la France. En 2015, elle se situe au 11e rang mondial en nombre d'utilisateurs d'Internet et au 26e en matière d'accès à Internet (86 % de la population), selon les données de la Banque mondiale.

La qualité et le prix de l'énergie sont aussi un atout majeur de notre pays. Pour les entreprises, le prix français de l'électricité est inférieur de 29 % à la moyenne de la zone Euro (et 21 % plus faible pour les ménages). Les tarifs pour les entreprises sont même 40 % plus bas que ceux pratiqués en Allemagne.

Prix de l'électricité dans les principaux États-membres de l'Union européenne (UE15), 2013

Classement	Pays	c€ / KWh
1	Danemark	30
2	Allemagne	26
3	Belgique	23
4	Irlande	21
5	Portugal	21
6	Espagne	21
7	Autriche	19
8	Pays-Bas	19
9	Italie	19
10	Luxembourg	18
11	Royaume-Uni	17
12	**France**	**17**
13	Suède	14
14	Finlande	14
15	Grèce	13

Source : VaasaETT

Annexe 2
Le marché du travail doit être réformé
pour créer de l'emploi

1. Un coût du travail trop élevé
qui pénalise notre compétitivité

En 2014, le coût horaire du travail est globalement plus élevé en France (35,2 €/heure) que chez nos principaux concurrents européens (31,8 €/heure en Allemagne). Ceci est le résultat d'une dérive engagée au début des années 2000, liée principalement aux 35 heures et à la convergence des garanties minimales de rémunération vers le SMIC. Dans le secteur industriel, le coût du travail est certes comparable en France et en Allemagne fin 2014, mais il reste le plus élevé d'Europe, devant l'Italie (28 €/heure) et le Royaume-Uni (22,6 €/heure). Les rémunérations ont progressé dans l'industrie française plus rapidement que la productivité du travail, alors qu'en Allemagne, les deux ont progressé à la même vitesse : ainsi, à coût du travail identique, l'industrie française a perdu en compétitivité par rapport à l'industrie allemande. Par ailleurs, dans le secteur des services, très intensif en main d'œuvre, donc créateur d'emplois, la France se caractérise par un coût du travail beaucoup plus élevé que chez tous ses concurrents.

Coût du travail horaire dans quelques pays européens et coût salarial unitaire (CSU) dans l'industrie

Coût du travail (en €/h)	2000	2004	2008	2012	2013	2014
Activités marchandes hors secteur agricole						
France	24,4	28,4	31,8	34,8	34,9	35,2
Allemagne	26,9	26,9	28,4	30,9	31,3	31,8
Royaume-Uni	19,7	21,5	21,1	21,5	20,7	22,2
Espagne	14,2	16,2	18,9	20,9	21,0	21,0
Italie	19,9	22,5	24,5	26,6	27,1	27,4
UE (28)	16,5	19,8	21,5	23,8	24,2	24,5
Industrie hors construction						
France	25,4	29,7	33,1	36,4	36,6	37,0
Allemagne	27,7	31,2	32,5	35,2	36,3	37,1
Royaume-Uni	18,9	22,5	21,9	21,7	20,9	22,6
Espagne	14,6	17,9	20,8	23,0	23,3	23,5
Italie	18,1	22,6	24,1	27,2	27,7	28,0
UE (28)	16,8	19,4	21,8	24,4	25,0	25,5
Services						
France	24,7	28,6	31,7	34,8	34,8	35,1
Allemagne	22,4	25,7	25,9	28,6	28,7	29,0
Royaume-Uni	18,5	21,2	20,7	21,4	20,7	22,1

Espagne	13,3	16,0	18,5	20,2	20,1	20,2
Italie	19,6	23,3	25,2	26,4	27,0	27,1
UE (28)	16,5	19,1	21,7	23,8	24,0	24,3

Source : Eurostat

2. Une durée du travail trop faible qui entrave notre croissance

En 2013 la durée effective annuelle de travail des salariés à temps complet reste en France la plus basse d'Europe (1 661 heures par an) après la Finlande. Elle a même légèrement baissé depuis 2010 où elle était de 1 679 heures par an. Un salarié français à temps plein travaille 180 heures de moins par an qu'un salarié allemand, et 233 heures de moins qu'un salarié britannique. La France ne produit ainsi pas assez de richesses : la croissance économique et les créations d'emploi ne peuvent être que plus faibles que chez ses concurrents.

Durée effective annuelle moyenne de travail des salariés à temps plein

	2007	2008	2009	2010	2011	2012	2013
Belgique	1 738	1 752	1 719	1 765	1 768	1 767	1 765
Danemark	1 708	1 711	1 692	1 730	1 750	1 743	1 744
Allemagne	1 959	1 945	1 879	1 904	1 886	1 863	1 847

Irlande	1837	1827	1779	1799	1810	1810	1825
Espagne	1783	1799	1793	1798	1803	1792	1805
France	1659	1672	1640	1679	1682	1681	1661
Italie	1827	1821	1776	1813	1815	1783	1781
Lux.	1788	1717	1851	1797	1794	1825	1811
Pays-Bas	1806	1791	1788	1795	1815	1813	1815
Portugal	1874	1858	1854	1877	1852	1835	1834
Suède	1687	1691	1660	1719	1718	1697	1685
R-U	1877	1857	1861	1856	1872	1893	1900

Source : Eurostat

3. Une réglementation du travail trop rigide qui limite la création d'emplois

Parmi les pays de l'OCDE, la France se situe parmi les pays dont le droit du travail est le plus rigide et le plus protecteur, juste derrière le Luxembourg et la Turquie. Les chiffres de l'OCDE montrent pourtant un lien très fort entre le niveau de protection de l'emploi d'une part, et la durée du chômage d'autre part. Les freins juridiques au licenciement sont en réalité des freins à l'embauche, qui maintiennent au chômage les moins qualifiés. Certes, une réglementation protectrice aboutit à moins de suppressions d'emplois, mais surtout à moins de créations d'emplois !

Indice de protection de l'emploi
(de 0 à 6 du moins protégé au plus protégé)

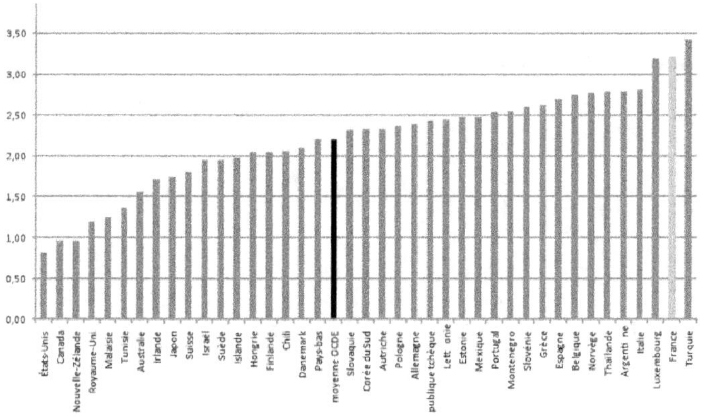

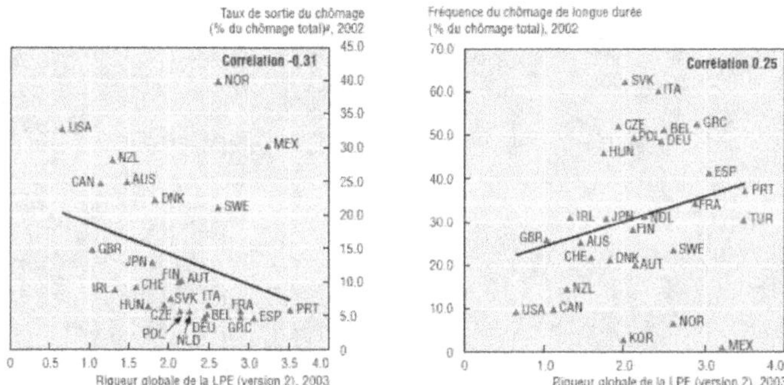

Lecture : plus la législation protégeant l'emploi est rigide, plus le chômage sera long et élevé.

Source : OCDE (base de données et « réglementation relative à la protection de l'emploi et performance du marché du travail », 2004)

Annexe 3
Réduire la dépense publique
pour réduire la dette et les impôts

1. La dérive des dépenses est responsable de l'augmentation de la dette

La dépense publique atteint 57 % du PIB en France, soit dix points de plus que la moyenne des pays développés. Dans l'OCDE, seule la Finlande présente un niveau de dépense plus élevé que la France, mais la dette publique y est beaucoup plus faible (59 % du PIB contre près de 100 % en France). Année après année, cette dérive des dépenses a creusé les déficits publics (près de 80 milliards d'euros en 2015), aboutissant à une dette de 2 100 milliards. Chaque année, l'État paye plus de 40 milliards d'euros d'intérêts pour financer cette dette, soit 1,5 fois le budget de la défense. Cette situation nous rend par ailleurs très fragiles :

une remontée des taux d'intérêt pourrait étrangler les finances de la France.

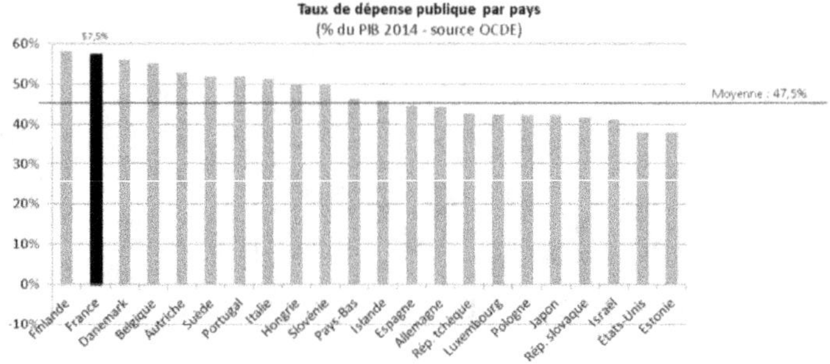

La dérive des dépenses publiques en France est d'autant plus frappante lorsqu'on la compare aux politiques engagées par nos voisins depuis la crise de 2008-2009 : l'Allemagne, et l'Europe de façon plus générale, ont su retrouver une croissance plus dynamique que la France tout en baissant leurs dépenses.

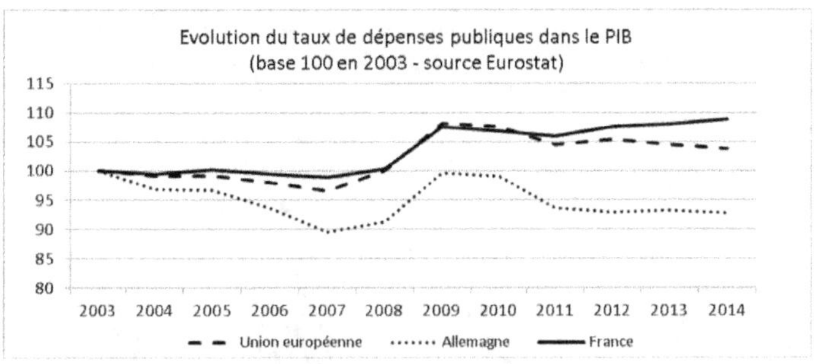

Source[1]

2. La dérive des dépenses est responsable de l'augmentation des impôts

Notre incapacité à maîtriser la dépense publique a pour conséquence directe l'augmentation des prélèvements obligatoires. En France, la réduction des déficits a reposé jusqu'à présent presque entièrement sur la hausse des impôts. La Cour des comptes a démontré que la France avait même continué à augmenter ses dépenses sur la période 2010-2014, tout en essayant de redresser son budget par une hausse des prélèvements. C'est le choix opposé qu'ont fait nos partenaires européens.

---

1. Cette comparaison en valeur absolue ne porte pas toujours sur un champ strictement identique selon les postes de dépense (ex : le régime de retraite complémentaire peut être comptabilisé comme de la dépense publique ou privée selon le pays, en France il représente 4 % du PIB comptabilisé dans le champ des administrations publiques).

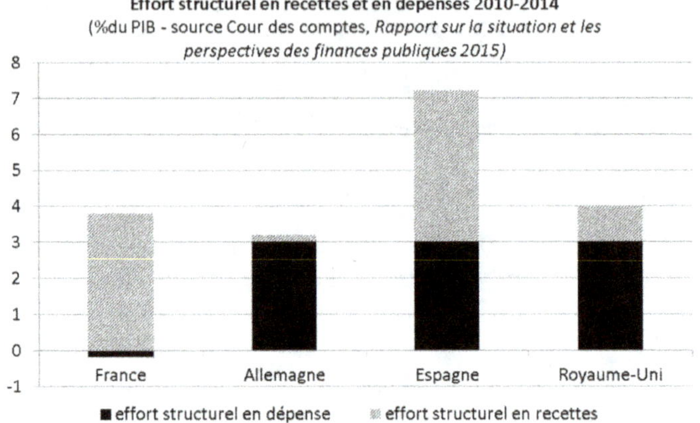

Source : Cour des comptes

3. Notre fiscalité fonctionne comme un piège contre l'investissement et l'emploi

Les profits d'aujourd'hui sont les investissements de demain, et les emplois d'après-demain. Or, toute notre fiscalité fonctionne comme un piège contre l'investissement, c'est-à-dire contre l'emploi. On peut ainsi comparer ce qui reste à un investisseur lorsqu'une entreprise réalise un bénéfice brut égal à 100. En France, l'entreprise devra d'abord payer l'IS et ses nombreuses contributions additionnelles. Puis une fois payé à l'investisseur, le dividende sera taxé à l'impôt sur le revenu et aux prélèvements sociaux. Enfin, si l'investisseur est redevable de l'ISF, celui-ci taxera les titres détenus.

Pour un bénéfice brut de 100 €, il restera ainsi après paiement des impôts sur le revenu 36 € à un actionnaire français, contre 51 € à un actionnaire allemand, 53 € à un britannique et 54 € à un italien. Si on ajoute le poids de l'ISF[1], qui ne pèse pas sur ce revenu mais sur les titres de capital détenu, le dividende net en France après avoir acquitté tous les impôts qui pèsent sur le capital tombe à 3 € ! Même pour un contribuable soumis à la première tranche du barème de l'ISF, le dividende après ISF sera de 19 €, soit sensiblement moindre que pour nos pays voisins.

---

1. Taux moyen retenu : 0,98 % du capital, soit l'avant-dernière tranche du barème.

Cinq ans pour l'emploi

Dividende restant à l'investisseur
après tous les prélèvements à la charge de l'entreprise et du particulier

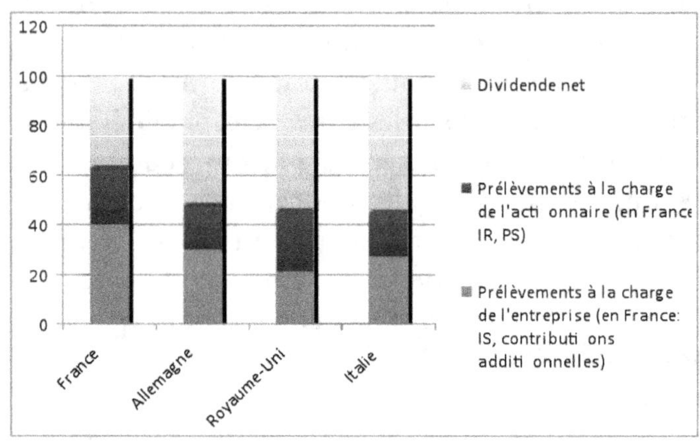

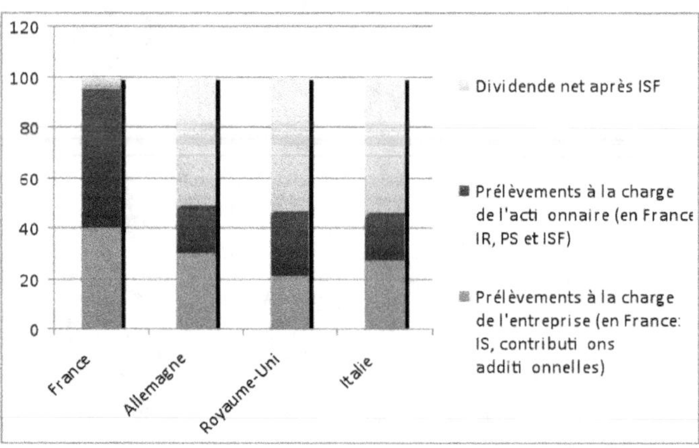

Source : ANSA

Annexe 4
Un investissement massif
dans la formation
pour des résultats insuffisants

1. Une formation initiale marquée par un fort soutien public et une distribution hétérogène des étudiants par filière et par établissement

La France comptait plus de 2,4 millions d'étudiants dans l'enseignement supérieur à la rentrée 2014. À l'horizon 2024 et du fait du dynamisme démographique, le nombre de bacheliers devrait nettement augmenter : il pourrait y avoir 2,8 millions d'étudiants, soit 335 000 étudiants de plus qu'aujourd'hui. Actuellement, 44 % d'une classe d'âge accède en France à un diplôme de l'enseignement supérieur. Pouvoir accueillir l'ensemble des étudiants tout en leur offrant une formation qualifiante sera donc un enjeu majeur au cours des prochaines années.

La distribution des étudiants par établissement est hétérogène. Une grande majorité d'entre eux étudie en université (58,5 %) tandis que seulement 3,4 % étaient inscrits en Classe préparatoire aux Grandes Écoles (CPGE) pour l'année 2013/2014. Une proportion de 82 % des effectifs étaient inscrits dans un établissement public cette même année scolaire.

Ventilation des effectifs par type d'établissement d'enseignement supérieur[1]

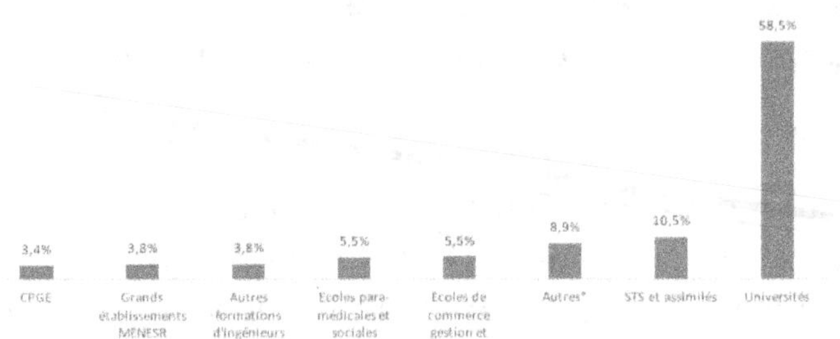

**Écoles normales supérieures, écoles juridiques et administratives, UT-INP, ESPE, établissements d'enseignement universitaire privés, écoles supérieures art et culture, autres écoles de spécialités diverses*

---

1. *Source* : Ministère de l'Éducation Nationale, de l'Enseignement Supérieur et de la Recherche (MENESR), Atlas régional des effectifs étudiants.

Au sein des universités, qui accueillent la majorité des étudiants, 42 % des étudiants étaient inscrits en licence en 2013 et près de 20 % en Master. Les étudiants en licence professionnelle représentaient quant à eux 3,5 % des effectifs universitaires à la rentrée 2013. Le taux d'insertion professionnelle à 18 mois des diplômés d'un Master universitaire atteignait en 2012 87 % pour l'ensemble formations juridiques, économiques et de gestion, 86 % pour l'ensemble sciences, technologies et santé et 81 % pour l'ensemble des formations en sciences humaines et sociales.

Chaque étudiant de l'Enseignement supérieur représentait une dépense moyenne annuelle de 11 540 € en 2013, contre 9 440 € pour un lycéen et 6 220 € pour un écolier[1]. Ce coût varie également selon les filières : alors qu'un étudiant à l'université coûte 10 850 € par an, ce montant atteint 14 850 € pour un étudiant en CPGE. La dépense par étudiant pour son parcours dans le Supérieur s'élève à près de 62 000 $, un montant légèrement supérieur à la moyenne des pays de l'OCDE (58 000 $). La durée moyenne des études supérieures en France, quant à elle, est d'environ 4 ans, une durée comparable à la moyenne des pays de l'OCDE.

---

1. *Source* : DEPP, RERS 2015.

La France a fait le choix d'un financement majoritairement public de l'enseignement supérieur. Elle se place en cela dans la lignée des pays du Nord de l'Europe (Norvège, Finlande, Danemark) qui laissent peu de place au financement privé. L'État est le premier financeur de l'Enseignement Supérieur, à hauteur de 70,4 %. Les ménages y contribuent à hauteur de 8,7 %.

**Structure du financement
de l'Enseignement supérieur en 2013[1]**

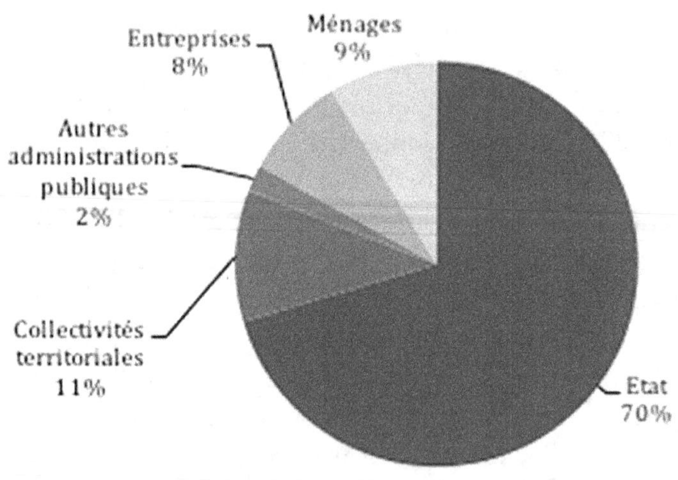

---

1. *Source* : EESR 2015 – MENESR.

Malgré ce fort investissement de la puissance publique pour l'enseignement supérieur, la performance du système d'enseignement supérieur français est contrainte par le fort taux d'échec en premier cycle.

Une proportion de 36 % des jeunes qui commencent une formation universitaire échouent avant la licence, soit un taux bien supérieur à la moyenne des pays de l'OCDE qui est de 30 %. En outre, l'adéquation entre formation et emploi (en spécialité ou en niveau) concernerait moins de la moitié des jeunes trois ans après leur sortie du système éducatif.

Enfin, 17 % des 15-29 ans ne sont ni en emploi, ni en formation, ce qui montre qu'une forte minorité de jeunes de cette classe d'âge ne dispose pas des compétences ou des diplômes qui permettent l'insertion sur le marché du travail. Cette situation montre les difficultés persistantes du système de formation initiale à donner aux jeunes les compétences nécessaires pour l'accès à l'emploi.

2. L'effort de formation professionnelle continue doit être mieux réparti et plus efficace

Les bénéficiaires de la formation professionnelle continue et de l'apprentissage se répartissent en trois grandes catégories : les jeunes (en stage de formation et jeunes salariés en contrat de professionnalisation ou d'apprentissage) ; les demandeurs d'emploi et publics en difficulté d'insertion ; les actifs occupés (salariés et non salariés en emploi dans le privé et agents du secteur public[1]).

En France, le CNED (Centre national d'enseignement à distance), le CNAM (Conservatoire national des Arts et Métiers), l'AFPA (Association pour la formation professionnelle des adultes) et les Greta (groupements d'établissements publics locaux d'enseignement) constituent les principaux acteurs de la formation professionnelle. Alors que le CNED propose des formations pour large public (scolaire, étudiants et adultes), le CNAM propose des cursus post-bac professionnalisant. L'AFPA, quant à elle, s'adresse davantage aux entreprises. Les Greta relèvent de l'Éducation nationale et proposent des parcours allant du CAP au BTS.

En 2012, la dépense nationale pour la formation professionnelle et l'apprentissage s'est élevée à 32 Md€, soit 1,52 % du PIB, financé pour près de la moitié par nos entreprises.

---

1. Fonction publique de l'État, hospitalière et territoriale.

Dépense des financeurs finaux
par public bénéficiaire en 2012

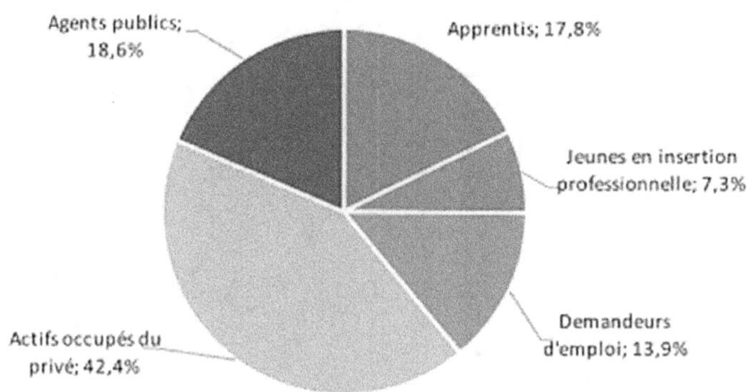

Dépenses globales par financeur final
(y compris investissement) en 2012

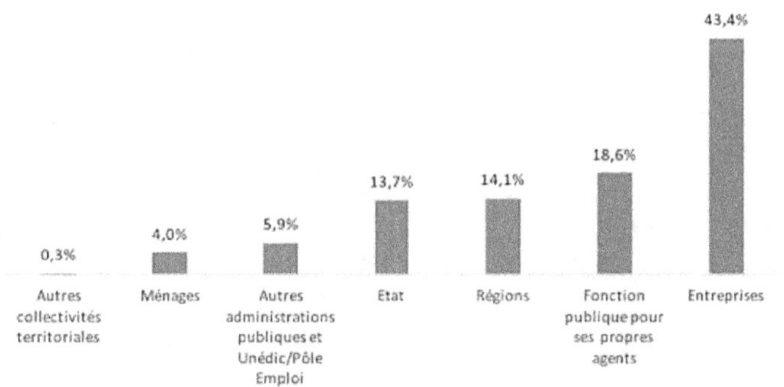

CET OUVRAGE A ÉTÉ COMPOSÉ PAR PCA
POUR LE COMPTE DES ÉDITIONS J.-C. LATTÈS
17, RUE JACOB – 75006 PARIS
ET ACHEVÉ D'IMPRIMER EN FRANCE
PAR CPI BUSSIÈRE
EN AVRIL 20156

www.versunnouveaumonde.fr

N° d'édition : 01. – N° d'impression :
Dépôt légal : mai 2016
Imprimé en France